BEI GRIN MACHT SICH IHR WISSEN BEZAHLT

- Wir veröffentlichen Ihre Hausarbeit, Bachelor- und Masterarbeit

- Ihr eigenes eBook und Buch - weltweit in allen wichtigen Shops

- Verdienen Sie an jedem Verkauf

Jetzt bei www.GRIN.com hochladen und kostenlos publizieren

Bibliografische Information der Deutschen Nationalbibliothek:

Die Deutsche Bibliothek verzeichnet diese Publikation in der Deutschen National-
bibliografie; detaillierte bibliografische Daten sind im Internet über http://dnb.d-
nb.de/ abrufbar.

Impressum:

Copyright © 2010 GRIN Verlag, Open Publishing GmbH
Druck und Bindung: Books on Demand GmbH, Norderstedt Germany
ISBN: 9783668385764

Dieses Buch bei GRIN:

http://www.grin.com/de/e-book/351286/die-islamische-republik-iran-zwischen-
fundamentalismus-und-moderne

Benedikt Schneider

Die Islamische Republik Iran. Zwischen Fundamentalismus und Moderne

GRIN Verlag

Die Islamische Republik Iran

Zwischen Fundamentalismus und Moderne

Fundamentalismus ist gleichermaßen eine Reaktion auf die Moderne, wie er Produkt und

Bestandteil der Moderne ist.[1]

---

[1] Büttner, Der fundamentalistische Impuls und die Herausforderung der Moderne, in: Leviathan 4, 1996, 488

Gliederung

1. Einleitung

Als Ayatollah Khomeini am 16. Februar des Jahres 1979 in seine Heimat zurückkehrte konnte keiner ahnen, dass dies die Geburtstunde eines absolut neuen Staates war. Iran wurde durch seine Revolution zur Islamischen Republik. Moderne, liberale, europäische Normen und Werte wurden durch am Koran ausgelegte Verhaltensweisen ersetzt. Modernität musste der Tradition weichen. Anstelle eines modernen Strafrechts, trat ein islamisches, die Scharia. Bald schon kamen Berichte über martialische, menschenverachtende Prozesse und Strafen an die Weltöffentlichkeit. Bis heute hält sich das Image eines blutrünstigen Staates....

Menschenrechte, das fundamentale System mit seiner theokratischen Ideologie und dessen totalitäre Haltung stehen seitdem im Fokus der Internationalen Berichterstattung.

Diese Arbeit hat das Ziel einen differenzierten Blick auf die Islamische Republik zu richten. Neben dem vergangenen Schah Regime, steht insbesondere die islamische Revolution und die Installation des Islamischen Regimes im Mittelpunkt einer genauen Analyse. Sie soll die Idee der Theokratie kritisch hinterfragen und schließlich feststellen, inwiefern Iran ein fundamentalistischer oder moderner Staat ist. Am Ende soll der Leser imstande sein aktuelle Entwicklungen im mittleren Osten selbst bewerten zu können und sich nicht mehr auf Wertungen seitens unserer Presse stützen zu müssen.

Durch Auswertung unterschiedlicher, aktueller und geschichtlicher Quellen soll diese Arbeit ein möglichst objektives Bild uber die IRI vermitteln. Aktuelle Ereignisse werden bis zum Stand vom November 2010 berücksichtigt.

2. Geographische und religiöse Einordnung

Die Iran ist ein Staat in Vorderasien und grenzt an den Irak und Türkei im Westen, Aserbaidschan, Armenien, Turkmenistan und das Kaspische Meer im Norden sowie an Afghanistan und Pakistan im Osten[2]. Im Süden bildet sich eine Küste mit dem Persischen Golf und dem Indischen Ozean. Die Fläche des Iran beträgt 1,6 Mio. km² und ist damit über vier Mal so groß wie die Fläche Deutschlands[3].

Gegenwärtig leben im Iran ca. 74,1 Millionen Menschen[4]. Sie setzen sich wie folgt zusammen:

---

[2] vgl. Harenberg Länderlexikon, S. 397
[3] ebd.
[4] http://de.wikipedia.org/wiki/Iran aufgerufen am 01.11.2010

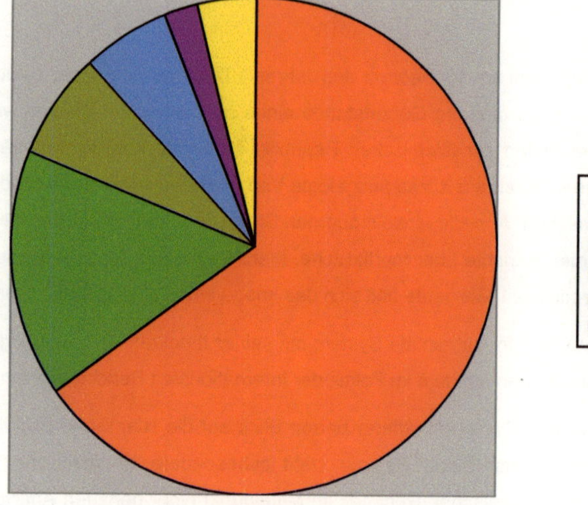

Abbildung 1: Bevölkerungszusammensetzung

Durch die hohe Geburtenrate von bis zu 6,6 Kindern[5] pro Iranerin ist die Anzahl der jungen Leute v.a. in den Städten erheblich gestiegen. Verarmung, Prostitution, Drogenkonsum und eine steigende Zahl an Straßenkindern waren die Folgen.[6] „Ca. 60% der iranischen Bevölkerung sind unter 20 Jahre."[7]

Der zwölfer-schiitische Islam ist als Staatsreligion in der iranischen Verfassung fest verankert. Glaubensfreiheit nach westlichem Vorbild, d.h. die im Grundgesetz festgehaltene Garantie der Freiheit des Glaubens und des Gewissens[8], sind im Iran Wunschdenken. Die größten Minderheiten, wie Christen und Juden, werden gesellschaftlich benachteiligt[9]; die Anhänger des Baha'i werden verfolgt.[10]

Religiös lässt sich die iranische Bevölkerung folgendermaßen gliedern:

93 Prozent der Bevölkerung sind schiitisch geprägt. Sechs Prozent gehören dem sunnitischen Islam an. Das verbliebene Prozent wird von Christen, Baha'i, Zoroastren, Juden, Mandäern und Parsen ausgefüllt.

---

[5] http://www.berlin-institut.org/newsletter/47_11_Februar_2008.html.html aufgerufen am 01.11.2010
[6] vgl. http://www.arendt-art.de/deutsch/IRAN/Behrouz_Khosrozadeh_1.htm aufgerufen am 06.11.2010
[7] ebd.
[8] vgl. GG Art. 4
[9] http://de.wikipedia.org/wiki/Iran
[10] vgl. Harenberg Länderlexikon, S. 398

3. Vom Perserreich zur Islamischen Republik

3.1. Der Weg zum Schiitischen Bekenntnis

Der Islam ist die jüngste monotheistische Weltreligion und wurde von dem Propheten Mohammed (ca. 570-632) auf der arabischen Halbinsel gestiftet. Nach dessen Tod unterwarfen die Araber innerhalb kurzer Zeit das gesamte Gebiet Persiens.[11]

Die Schia

Der Iran war und ist seit jeher ein schiitisches Land. „Die Schia hat ihren Ursprung in der unklaren Situation nach dem Tod des Propheten Mohammed"[12] 632. Da dieser keinerlei Regelungen für seine Nachfolge hinterlassen hatte, sah sich die noch junge muslimische Gemeinde gezwungen das neue Oberhaupt, den sog. Kalifen, selbst zu bestimmen. Es kam zur Bildung zweier Lager: Jener, die die genealogische Nähe zu Mohammed höher stellten und derer, die sich mit früheren Verdiensten um die Verbreitung des islamischen Glaubens rühmen konnten. Mit dem Begriff Schia (dt. Partei, im Sinne einer Gruppierung) sind nun diejenigen gemeint, die „die Leitung der Gemeinde Alî vorbehalten wollten; dem Cousin [...] Mohammeds"[13]. Anstatt Alî wurde jedoch der Schwiegervater Mohammeds Abû Bakr zum Kalifen gewählt. Auf ihn folgten Umar und Uthmân, erst dann wurde Alî zum Kalifen erhoben.

Die Schia begründet ihre Forderung, allein Alî sei der rechtmäßige und legitime Nachfolger Mohammeds, mit einem Ausspruch Mohammeds, den dieser auf einer Reise zu ihm gesagt haben soll. Seine Aussage „Der, dessen Herr Ich bln, dessen Herr ist auch Alî" wird von den Schiiten als Designation Alîs zur Nachfolge Mohammeds verstanden. Die Sunniten, also der Gruppe, die nicht auf den alleinigen Herrschaftsanspruch Alîs pocht, erkennen zwar diesen Abschnitt an, sehen darin aber keineswegs eine Legitimation der Herrschaft. Diese völlig gegensätzliche Sichtweise der frühislamischen Geschichte von Sunniten und Schiiten ist ein wichtiger Faktor bei den bis heute andauernden Streitigkeiten zwischen beiden Gruppierungen[14].

Von den weltweit 1,57 Mrd. Muslimen[15] sind heute 10-15% Schiiten, wovon die meisten sich zur Zwölferschia bekennen, die heute Staatsreligion in Iran ist[16]. Sie entstand aufgrund der unklaren Nachfolgeregelung nach Alîs Tod 661. Schiitische Gruppierungen vertraten darüber unterschiedliche Auffassungen: So gelten beispielsweise bei den Zwölferschiiten lediglich die Nachkommen Alîs mit Mohammeds Tochter Fâtima als legitime Führer der muslimischen Gemeinde. Zwölf bezeichnet hierbei die Anzahl der als legitim anerkannten Führer, die sog. Imame, beginnend mit Alî selbst. Diese Gruppe der sog. Imamiten zerfiel jedoch aufgrund

---

[11] vgl. Gronke, Geschichte Irans, S. 12+13
[12] ebd., S. 19
[13] ebd., S. 19
[14] vgl. ebd., S. 21-22
[15] http://de.wikipedia.org/wiki/Muslim aufgerufen am 01.11.2010
[16] vgl. Gronke, Geschichte Irans, S. 22

des ungelösten Problems, wer nach dem Tod des vermeintlich kinderlos gebliebenen elften Imams berechtigt sei, die Gruppe als neuer Imam zu leiten. Die von Anderen vertretene Annahme, dass der letzte Imam kinderlos geblieben sei, wurde von einer Gruppe bestritten. Ihrer Ansicht nach gab es zwar einen Sohn, der jedoch – wie „durch ein Wunder [–] von der Erde entrückt worden sei"[17]. Dieser sog. Al-Mahdî wird als Erlöser angesehen, der eines Tages auf die Erde zurückkehren wird, um den Auftrag des Propheten zu vollenden, „die Herrschaft der Usurpatoren und Tyrannen zu beseitigen und ein Reich der Gerechtigkeit, ein Paradies auf Erden, zu errichten. Dieser Glaube an die Existenz eines verborgenen zwölften Imams und an seine künftige Wiederkehr wurde zum wichtigsten Kennzeichen der Zwölferschia."[18]

Es lässt sich zusammenfassen, dass die schiitische Gemeinschaft nur ein einziges Mal unter einer aus ihrer Sicht legitimen Herrschaft gelebt hat: Es sind diese fünf Jahre von Alîs Kalifat. Keiner der nachfolgenden Imame gelangte wieder an die Macht. Die Schiiten sahen sich seitdem von einer unrechtmäßigen Obrigkeit beherrscht. Zu besonderer Verehrung als Märtyrer gelangte der dritte Imam Hoseyn, der beim Versuch sich das Kalifat mit Waffengewalt zu erstreiten, fiel. Dieses Ereignis, die Aschûrâ, gilt als der wichtigste Feiertag der Zwölferschia.

Nach der Entrückung des zwölften Imams sind die Zwölferschiiten führungslos. Für sie ist er – wenn auch in Abwesenheit – das allein berechtigte Oberhaupt ihrer Gemeinschaft.[19] Das hat zur Folge, dass bis zu seiner Rückkehr „alle irdische Macht nur vorläufig und höchstens bedingt legitim sein kann."[20] Wer sollte nun, bis zur Wiederkehr des Imams, der legitime Herrscher sein? Man einigte sich schließlich, diese Aufgabe den schiitischen Gelehrten zu übertragen. „Die [...] letzte Ausformulierung [dieses] Grundsatzes, dass nur diese Gruppe als Repräsentanten des verborgenen Imams die schiitische Gemeinschaft führen dürfe, ist die Lehre [Khomeinis] von der ‚stellvertretenden Herrschaftsausübung des Rechtsgelehrten' [...] für den zwölften Imam. Die nur stellvertretende Regierungsgewalt der schiitischen Gelehrten [...] ist auch in der Verfassung der Islamischen Republik Iran verankert."[21]

3.2. Iran seit der frühen Neuzeit

3.2.1. Safawidische Herrschaft (1501-1722)

Die Safawiden waren es, „die das zwölferschiitische Bekenntnis [...] als Staatreligion einführte[n] und damit die Schia auf ihrem Territorium an die Macht brachte[n]. Damit begann die

---

[17] ebd., S. 23
[18] ebd.
[19] vgl. ebd. S. 23-25
[20] ebd., S. 25
[21] ebd., S. 26

religiöse Prägung Irans [...] als eines schiitischen Landes, das es bis heute geblieben ist
[...]."[22]

3.2.2. Iran unter den Kâdschâren (1770-1925)

Der Kâdschârendynastie gelang es das Reich zu einer „bedeutenden Machtposition im Mittleren Osten"[23] auszubauen. Sie führten einen ständigen Kampf gegen „die massive Expansi-
on der [...] europäischen Nationalstaaten"[24]. Mit vielen kriegerischen Auseinandersetzungen
einher ging auch eine „wirtschaftliche Durchdringung Irans durch europäische Großmäch-
te."[25] Man versuchte Reformen, die die Übernahme europäischer, säkularer Ideen beinhalte-
ten, vorzunehmen, um der Bedrohung durch europäische Mächte wirksam entgegenzutreten.
Damit beginnt der bis heute andauernde heftige Streit um eine Angleichung Irans an die
westliche Zivilisation und eine Rückbesinnung auf eigene traditionelle Werte, aus Angst vor
zu starker Beeinflussung durch europäische Strömungen bis hin zum Verlust der eigenen
Identität.[26]

Die Geistlichkeit konnte unter ihnen „ihre Unabhängigkeit vom Staat noch weiter aus-
bauen."[27] Sie betrachtete den Schah lediglich als weltlichen Herrscher, dem die religiöse
Legitimation fehlte. Sie sah sich als einzige berechtigt, die Tätigkeiten des verborgenen
Imams bis zu seiner Rückkehr wahrnehmen zu dürfen.

Der schiitischen Geistlichkeit fiel zunehmend eine „nationale Rolle"[28] zu: Einerseits die iranische Gesellschaft vor den immer stärker werdenden Einflüssen Europas zu hüten, andererseits vor den Reformen und Modernisierungsversuchen des pro-westlich eingestellten
Schahs zu schützen. Unter dem Druck der Geistlichkeit, vereint mit fortschrittlich gesinnten
Intellektuellen, wurde 1906 der Wandel von einer absolutistischen zu einer konstitutionellen
Monarchie vollzogen (konstitutionelle Revolution) und damit die Macht des Schahs ge-
schwächt.

Der Klerus wurde gestärkt, da ab sofort sämtliche Gesetze auf ihre Vereinbarkeit mit der
Scharia überprüft wurden, sodass die Gesetze seinem Willen nach gestaltet werden konnten.

Die neue Staatsordnung währte jedoch nur kurz, da sie weder Stabilität noch Fortschritt noch
Sicherheit eintrug; der Einfluss der Europäer blieb weiterhin ungebrochen. Die Revolution
war damit ins Leere gelaufen; „die Verfassung ruhte."[29] Erst als die Regierung im Treiben
des ersten Weltkriegs zusammenbricht zielt die europäische Politik auf den Aufbau einer

---

[22] ebd., S. 68
[23] ebd., S. 85
[24] ebd.
[25] ebd.
[26] vgl. ebd.
[27] ebd., S. 92
[28] ebd., S. 93
[29] ebd., S. 97

starken iranischen Zentralregierung ab. Sie hießen es deshalb Willkommen, dass 1921 ein Oberst der Kosakenbrigade, Reza Khan, sich durch einen Staatsstreich selbst zum Premierminister machte.[30]

> „Er beginnt damit, dass er eine imponierende Armee auf die Beine stellt. Hundertfünfzigtausend Mann werden in Uniformen gesteckt und bewaffnet. Die Armee ist sein Augapfel, ihr gilt seine ganze Begeisterung. Die Armee muss immer genug Geld bekommen; sie mu[ss] alles haben. Die Armee wird dem Volk moderne Ideen, Disziplin und Gehorsam einbläuen. Alles habt acht!"[31]

3.3. Dynastie der Pahlavi von 1925-1979

3.3.1. Reza Schah – Der erste Mann im Staat

Reza Khan war eine Person mit Autorität, wie sie sonst kaum jemand besaß. Es war kein Wunder, dass er ihretwegen kurze Zeit später zum Schah ausgerufen wurde, da der Thron nach Abreise des letzten Schahs 1923 frei geworden war. Er war „Schah Reza der Große, König der Könige, Schatten des Allmächtigen, Stellvertreter Gottes und Zentrum der Welt"[32]

3.3.1.1. Politischer Kurs

> „Mit dem Rückhalt der [...] Armee herrschte Reza Schah als Despot, so dass das Parlament, das die Maßnahmen des Schahs formell absegnete, lediglich eine[n] demokratischen Schein wahrte. [Sein] Ziel [war es], durch ein großangelegtes Modernisierungsprogramm [...] Iran zu einem fortschrittlichen säkularen Nationalstaat [...] zu machen."[33]

Er begann daher mit der Durchsetzung von Reformen und dem Ausbau einer funktionierenden Infrastruktur: Neben dem Bau einer transiranischen Eisenbahnlinie wurde der Straßenbau vorangetrieben; Persien wurde in Iran unbenannt. Industrie und Landwirtschaft wurden reformiert. Das iranische Rechtssystem wurde ebenfalls reformiert und säkularisiert, die Scharia abgeschafft. Bildung und Forschung wurden durch den Ausbau der Hochschulen und der Einführung staatlicher Schulen sowie allgemeiner Schulpflicht ebenfalls gefördert; Mullahs wurde das Lehren der Kinder im Zuge einer weltlichen Bildung untersagt. Zu seinem Bemühen dem Iran sein traditionelles Gesicht zu nehmen und europäische Sitten einzuführen gehörten neben den Rechtsreformen, die v.a. den Zorn der Geistlichkeit erregten, die in diesem weltlichen und westlich orientierten Gesetzesbuch eine Verunglimpfung Alîs sahen, das Verbot traditioneller Kleidung und die Einführung einer westlichen Kleiderordnung. Konkret bedeutete dies, dass Anzug und Krawatte für Männer obligatorisch und der Tschador oder andere Gesichtsverhüllungen für Frauen untersagt wurde. Geistliche blieben bei diesen

---

[30] vgl. ebd., S. 95-98
[31] Kapucscinski, Schah-in-Schah, S.34+35
[32] ebd., S.32+33
[33] Gronke, Geschichte Irans S. 99

Maßnahmen außen vor und durften sich weiterhin wie bisher kleiden. Von nun an wurden sie als eigener gesellschaftlicher Stand definiert. Ihr Metier, der Islam, war jedoch so gut wie ganz aus dem öffentlichen Leben verdrängt; ihre Stellung untergraben.

Neue Industrien und Baustellen forderten unzählige Arbeitskräfte. Diese kamen meist vom Land in die Stätte und wurden oftmals aus ihren bisherigen traditionellen Lebensformen herausgerissen. Sie glaubten an ein besseres Leben in der Stadt. Doch dies blieb oftmals eine Illusion und es kam zur Bildung eines immer größer werdenden Proletariats.

Zur Festigung der Zentralmacht zwang Reza Schah die zahlreichen Nomadenstämme, ein Viertel der damaligen Bevölkerung, sesshaft zu werden, um sie so besser kontrollieren zu können. Das Bild eines brutalen, eisernen, harten Reza Schahs entstand. Alles was Einspruch erhebt, wird bekämpft. Widerstand zwecklos. Die autoritäre Diktatur hatte gewonnen.

„Seine Überzeugung sei, so erklärte der Schah, dass der Fortschritt der Menschheit im Sinne Allahs sei. Allah wolle, dass sich die Menschheit Wissen aneigne, dass sie Meister der technischen Entwicklung sei, dass sie in eine lichte Zukunft blicke."[34]

3.3.1.2. Absetzung 1941

1941 musste Reza Schah aufgrund seiner deutschlandfreundlichen Haltung nach dem Einmarsch Alliierter Soldaten zu Gunsten seines Sohnes Mohammed Reza abdanken. „In diesem jungen Mann sahen die Alliierten ein williges Instrument, um in Persien tun und lassen zu können, was ihnen behagte."[35]

3.3.2. Amtszeit von Mohammed Reza Schah

Mohammed Reza Schah (1919-1980) bestieg 1941 den Pfauenthron, den er erst 1979 wieder verlassen sollte. Er war der letzte Herrscher der 2500 Jahre währenden Königstradition in Iran. Unter ihm wurde die freie Kleidungswahl wieder eingeführt. Frauen war es daher wieder erlaubt, sich zu verhüllen; das alltägliche Leben kehrte auf die Straßen zurück. Viele der Unterdrückten konnten sich erholen: Die Nomadenstämme zogen wieder umher; der Klerus versuchte, sich wieder Einfluss zu verschaffen.

„Die Mullahs sagten: ‚Der Schah [...] ist ein Fremdling, ein Lakai fremder Mächte. Der dort auf dem Thron sitzt, ist der Grund eures Elends; der scheffelt ein Vermögen auf eure Kosten und verschachert das Land.' Die Menschen glaubten diesen Worten, weil sie in ihren Ohren wie die reinste Wahrheit klangen."[36]

Der Iran und das Öl

Die Geschichte des Schahs und Irans ist seit jeher eng mit dem Öl verbunden und half insbesondere Dr. Mohammed Mosaddegh zu besonderer Berühmtheit. Bereits 1953 wäre der

---

[34] Konzelmann, Der verwaiste Pfauenthron , S.198
[35] Konzelmann, Allahs Schwert, S. 174
[36] Kapucscinski, Schah-in-Schah, S. 54

Schah fast von ihm vom Thron gestoßen worden; er setzte sich bereits während der konstitutionellen Revolution für die Schaffung einer Republik und eines Verfassungsstaats ein. Ihm gelang es, die von den Briten geführte Anglo-Iranian-Oil-Company zu verstaatlichen, sämtliche Einnahmen aus dem Ölgeschäft Iran zuzuführen und durch die Entlassung aller Briten aus dem Unternehmen die verhasste, unterdrückende britische Kolonialmacht loszuwerden. Im iranischen Volk stieg er dadurch zu einem Volkshelden auf. Da Iran jedoch nicht das nötige Know-how für eine eigene Ölförderung besaß, schlitterte der Staat in eine wirtschaftliche Krise, die zu allgemeiner Verunsicherung führte.

Öffentliche Kritik am Volkshelden Mosaddegh wurde jedoch von der von Moskau gesteuerten und schahfeindlichen Tudeh-Partei gewaltsam unterdrückt. Diese Partei unterstütze, neben Mosaddegh, Demonstrationen und Überfälle auf Sympathisanten des Schahs.

Mosaddegh entschloss sich die Amerikaner um wirtschaftliche Aufbauhilfe zu bitten. Sollte diese ausbleiben, würde das die Tudeh-Partei stärken und die Gefahr bergen, dass sich Iran der SU zuwenden würde und Moskau somit Zugriff auf iranisches Öl und den Persischen Golf hätte.[37]

Präsident Eisenhower verbündete sich jedoch entgegen der Absicht Mosaddeghs nicht mit ihm, sondern mit dem Schah. Der Unterstützung Amerikas sicher, unterzeichnete dieser im August 1953 die Absetzung Mosaddeghs. Da dieser die Absetzung jedoch ignorierte, stieg er abermals zum Volkshelden auf, da er sich getraut hatte, dem Schah die Stirn zu bieten. „Hundertausende versammelten sich auf den Straßen. Sie benahmen sich, also ob ein Alptraum zu Ende gegangen wäre.[...] Wer die Vorgänge in Teheran beobachtete, der konnte nicht mehr daran glauben, dass die Pahlavisippe im Iran jemals wieder zu bestimmen haben würde.“[38] Es war schließlich nicht der Schah, sondern Mosaddegh, der die Herrschaft im Land den Ausländern entriss und dem Volk übertrug, ihnen damit die Demokratie brachte, die es so dringend forderte.

Mithilfe der CIA gelang es den Amerikanern Tausende Menschen für bezahlte Pro-Schah-Demonstrationen zu gewinnen. Nachdem sich die Armee auf die Seite des Schahs gestellt hatte, wurde Mosaddegh für abgesetzt erklärt. Der Schah war wieder an die Macht geputscht worden und nun alleiniger Führer eines milliardenschweren Ölunternehmens.[39] Mit den riesigen Einnahmen startete er ein Modernisierungsprogramm, das Iran in 20 Jahren zum Industriestaat machen sollte.

SAVAK

---

[37] vgl. Konzelmann, Der verwaiste Pfauenthron, S. 251
[38] ebd., S. 252
[39] vgl. ebd., S.243ff.

Es begann eine enge Freundschaft zwischen dem Schah und der Großmacht Amerika, die ihre Chance sah, Iran zur Bastion gegen die SU auszubauen. Riesige Geldströme begannen zu fließen mit denen der Geheimdienst SAVAK umstrukturiert bzw. neu aufgebaut wurde.

Die SAVAK stellte die Hauptstütze Mohammed Rezas dar, um an der Macht zu bleiben und Regimekritiker mundtot zu machen. Sie besaß mehr als 60.000 Agenten und schätzungsweise mehr als 3 Million Informanten. Praktisch jeder auf der Straße, den man sah, mit dem man sich unterhielt, konnte von SAVAK sein. Angst machte sich breit.

SAVAK wurde bald zu einem landesweit gefürchteten Überwachungsinstrument.

> *„Ihre Methode bestand darin, einen Menschen auf der Straße zu packen, ihm die Augen zu verbinden und ihn, ohne auch nur eine einzige Frage gestellt zu haben, in die Folterkammer zu schleppen. Dort wurde er unverzüglich den schlimmsten Folterungen unterworfen, es wurden ihm die Knochen gebrochen, die Fingernägel ausgerissen, die Hände in ein Becken mit glühenden Kohlen gesteckt, bei lebendigen Leib ein Loch in den Schädel gesägt; erst wenn der Schmerz ihn halb wahnsinnig gemacht hatte und er nur mehr ein blutiges Bündel war, begannen die Fragen. Wer bist du? Vorname? Name? Adresse? Was hast du über den Schah gesagt? Gib zu was du gesagt hast! Dabei war es durchaus denkbar, dass er nichts gesagt hatte, völlig unschuldig war."*[40]

-

1963 wurde die Opposition ausgeschaltet, 1975 die zwei verbliebenen Schattenparteien gänzlich aufgelöst. Die neue Einheitspartei „Auferstehung" war fortan jedem Staatsbürger eine politische Zwangsheimat. Iran wurde damit zu einer, vom Westen gestützten[41], Schein-Demokratie.

Der Schah entfernte sich nun zusehends von jeglicher Realität und schottete sich mehr und mehr von der Außenwelt ab. Sein extravagantes Hofzeremoniell und enorme Ausgaben bestätigen dies. „Er übersah, dass nur ein Bruchteil der Bevölkerung vom Wirtschaftswachstum profitierte und dass er mit seiner Politik der Verwestlichung viele tiefgläubige Iraner brüskierte, für die ihre Religion ein identitätsstiftender Faktor war.

Andererseits verspielte er durch die vollständige innenpolitische Repression die Sympathien der westlich orientierten Iraner, die sich Fortschritt nicht ohne demokratische Freiheiten vorstellen konnten. Der schiitischen Geistlichkeit fiel damit wiederum ihre traditionelle Rolle zu, die Bevölkerung Irans gegen unislamische Einflüsse und eine despotische Regierung zu

---

[40] Kapucscinski, Schah-in-Schah, S. 69
[41] vgl. Gronke, Geschichte Irans, S. 103

verteidigen."[42] Es war insbesondere ein unscheinbarer Geistlicher, der gegen den Schah seine Stimme erhob: Ayatollah Khomeini.

3.4. Die Person Ruhollah Khomeini

„Khomeini (1902-1989) war ein schiitischer Ayatollah und der politische und spirituelle Führer der Islamischen Revolution in Iran von 1978-1979. [...] Khomeini gilt als der Gründer der Islamischen Republik in Iran. [...] Er war bis zu seinem Tod 1989 als Oberster Rechtsgelehrter deren Staatsoberhaupt."[43]

3.4.1. Frühe Jahre

Sayyed Ruhollah Musawi Al Khomeini wurde 1902 geboren und wuchs als Waisenkind bei Verwandten auf. „Der Koran [...] war ihm schon in jungen Jahren die einzige Leitlinie. Die Mystik des schiitischen Islam prägte ihn, eine Mystik, die Leidensfähigkeit und Märtyrerbereitschaft ebenso einschließt wie das Engagement für die sozial Schwachen und die Auflehnung gegen jede weltliche, als gottlos empfundene Macht."[44] 1920 zieht er nach Qum, um sich dort zum Mullah ausbilden zu lassen[45].

3.4.2. Kopf der Anti-Schah-Bewegung

Nachdem Khomeini 1958 zum Ayatollah aufgestiegen war, begann er vermehrt gegen den Schah und dessen uniranische, islamfeindliche Politik Stellung zu beziehen. In seinen Reden predigte er für den Sturz der Monarchie und die Rückbesinnung auf iranische, islamische Werte im Sinne des entrückten zwölften Imams.

Verhaftungen von Mullahs schlugen in ihrer Wirkung fehl, Khomeinis Öffentlichkeitsdrang Einhalt zu gebieten. Das rigorose Durchgreifen der Führung nutzte er, um Stimmung gegen die Machthaber zu machen. Damit er auch außerhalb Qums gehört werden konnte, brauchte Khomeini Themen, die jeden im Land ansprechen sollten aber auch mit dem Islam zu vereinbaren waren: Von nun an geriet alles Amerikanische, alles Westliche in den Mittelpunkt seiner Reden. Er sprach von einer Unterjochung der iranischen Werte und der westlichen Ausbeutung Irans. Den Schah prangerte er an, im Dienste des Teufels Amerika zu stehen und für den Untergang des eigenen Volkes zu sorgen. Die Juden beschimpfte er ebenso, wie

---

[42] ebd., S. 104
[43] http://de.wikipedia.org/wiki/Khomeini aufgerufen am 01.11.2010
[44] Encke, Ayatollah Khomeini, Leben, Revolution und Erbe, S. 29
[45] Die Mullahs haben im schiitischen Islam die Aufgabe den Gläubigen zu führen; ihm helfen, Gut und Böse zu unterscheiden und den Agenten des Teufels zu entkommen. Um dies zu erreichen begibt man sich in die Obhut eines Lehrers, mit dem man über verschiedene Bereiche des Korans diskutiert. Anstatt jedoch neue Gedanken zu entwickeln, stellt sich der Schüler auf die Meinung des Lehrenden ein, der wiederum die Meinung seines Lehrers vertritt. Diese ewigen Wahrheiten gehen letztlich aus Überlieferungen von Aussagen Allahs oder den Imamen hervor.
Dabei wird klar, dass Mullahs jenseits von Realität und Wahrheit leben und aufwachsen: Für sie lautet das Kredo, in der Überlieferung zu beharren und nicht in die Zukunft zu schauen und sich ihr anzupassen. „Die Lehrer wollen auch Veränderungen der Welt ungern zur Kenntnis nehmen. Fortschritt bedeutet Gefahr, in die Falle des Teufels zu geraten. Konzelmann, Allahs Schwert, S. 190

die Anhänger des Baha'i. Khomeini hoffte damit, die breite Mittelschicht auf seine Seite ziehen zu können. Mit Erfolg:

Als Khomeini nach einer Brandrede verhaftet und nach Teheran gebracht wurde und der Schah auf die Zehntausend für seine Freilassung Demonstrierenden schießen ließ, verspielte er seine letzte Popularität beim Volk. Ein völliger Meinungsumschwung zu Gunsten Khomeinis hatte stattgefunden.

Khomeini kehrte nach seiner Begnadigung nach Qum zurück, stieg zum Groß-Ayatollah auf und rückte damit an die Spitze der schiitischen Geistlichkeit. Diese Position sicherte ihm sein Leben, da sich SAVAK und Armee nicht trauten, eine so hohe Persönlichkeit zu töten. Dort galt er als Volksheld; dem Tod nahe gewesen, stand er nun in der Moschee und predigte für die Gläubigen.

Um seinem zunehmenden Einfluss Einhalt zu gebieten, wurde Khomeini ins irakische Exil geschickt, wo er seine Ansichten über die Unvereinbarkeit von Islam und Monarchie in Schriften, die er über Boten zu Geistlichen bringen ließ, weiter verbreitete. Ein revolutionärer Geist überkam das Land. Als schließlich einer dieser Boten, der Sohn Khomeinis, 1977 in einen Hinterhalt gelockt und getötet wurde, kippte die Stimmung ganz.

In Trauer um seinen ermordeten Sohn versuchten Tausende zu ihm zu gelangen. Khomeini gab ihnen nach 40 Tagen Trauer den Auftrag[46] in Aktion zu treten und gegen das Unrechtsregime des Schah mobil zu machen. Die Geistlichen trieben Tausende auf die Straße, die mit Schah- feindlichen Parolen immer mehr Menschen auf die Straßen lockten. Da der Schah scharf in die Menge schießen ließ und es zu Toten kam, hatte „[d]ie Anti-Schah-Bewegung [...] die Märtyrer bekommen, die sie brauchte, um ihre Aggressivität noch steigern zu können."[47]

40 Tage später konnte Khomeini wieder zu Trauermärschen aufrufen und sich sicher sein, dass es wieder zu Toten kam, sodass sich 40 Tage später wieder das gleiche Bild von Straßenschlachten und Anti-Schah-Parolen ergab. Um der überbrodelnden Mächtigkeit Khomeinis Herr zu werden, wurde er 1978 schließlich nach Paris gebracht.

3.4.3. Revolution mit der Rückkehr aus französischem Exil

Von Paris aus führte Khomeini das Kommando für seine Bewegung uneingeschränkt weiter. Der Schah begriff, dass mit rigorosem Durchgreifen dem Aufstand nicht bei zu kommen war. Er hoffte, durch Entschuldigungen und Verhaftungen ehemaliger Würdenträger die Situation entspannen zu können – leider erfolglos.

---

[46] Zu diesem Zweck erstellte er ihnen ein Vier-Punkte-Programm, das v.a. zu Boykottaktlo nen und Demonstrationen aufrief. Es war als Fatwa zu interpretieren, d.h. als ein Befehl, der direkt von Allah gegeben worden war, den jeder befolgen musste, wollte er nicht der ewigen Verdammnis anheimfallen.
[47] Konzelmann, Allahs Schwert, S. 214

Ende 1978 eskalierte die Lage ganz als er trotz Ausgangssperre zu weiteren Demonstrationen aufgerufen ließ. Die Führung gab den Befehl die Demonstration aufzulösen – auch mit
Gewalt. 16 Tote waren die Bilanz – und über 400.000 Demonstranten am nächsten Tag.

Der Schah, zu diesem Zeitpunkt bereits völlig realitätsfremd geworden, hatte keine Ahnung
über die wahren Ausmaße der Proteste. Erst durch einen Hubschrauberüberflug realisierte
er das ganze Ausmaß der Katastrophe. „An jenem Tag wurde von der Armeeführung die
Zahl der Demonstranten auf nahezu eine Million geschätzt. [...] [B]estürzt sah er auf die
Menge [und] konnte es nicht fassen, dass er alle diese Menschen zu Feinden hatte. [...] Von
nun an hatte er nur noch den einen Gedanken, so rasch wie möglich ins Ausland zu fliegen,
sich zu retten."[48]

Der gesamte Pahlavi-Clan begann daher alles für seine Abreise vorzubreiten und verließ am
16. Januar 1979 das Land. Die Revolution endete, als Khomeini am 1. Februar 1979 in Teheran landete.

3.5. Die Islamische Republik Iran

3.5.1. Gründung – Eine religiöse Revolution?

„Im März 1979 fand eine Volksbefragung über die Errichtung einer Islamischen Republik
statt, die [...] mit etwa 97 Prozent der Stimmen gebilligt wurde. Die Republik wurde am 1.
April offiziell ausgerufen und Anfang Dezember eine entsprechende Verfassung durch eine
Volksabstimmung angenommen."[49]

Die neu gegründete Islamische Republik unterschied sich von bereits existierenden islamischen Republiken insofern, als dass es in ihr keinen König mehr gab. Dieser, [so stellt
Khomeini fest], sei dem Volk aufgedrückt und daher illegitim[50]. In der von ihm geschaffenen,
iranischen Islamischen Republik hingegen, sollte Religion und Staat eins sein. Von nun an,
sollten alle Geschicke des Staates, jedes Gesetz, das gesamte politische und öffentliche
Leben sich an den neuen religiösen Maßstäben der schiitischen Islamischen Republik Iran
orientieren. Das war neu; das war revolutionär.

3.5.2. Wesen – Regime bleibt Regime

„Dieser Verfassung zufolge ist die Islamische Republik Iran eine Theokratie, in der Gott der
alleinige Herrscher ist."[51] Theokratie ist „eine diktatorische Herrschaftsform, bei der die staatlichen Machthaber ihre Herrschaft und alle Gesetze allein religiös begründen, sich einzig auf

---

[48] ebd., S. 222
[49] Gronke, Geschichte Irans, S. 109
[50] vgl.
http://de.wikipedia.org/wiki/Islamische_Revolution#Ansprache_auf_dem_Zentralfriedhofhttp://de.wiki
pedia.org/wiki/Islamische_Revolution aufgerufen am 06.11.2010
[51] Gronke, Geschichte Irans, S. 110

das Wort oder die Autorität Gottes stützen und nur ihre Interpretation des Gotteswillens gelten lassen."[52]

„Die Geschichte des Islam kennt das Kalifat, die direkte Herrschaft der Nachfolger [...] des Propheten oder die absolutistische Herrschaft des Sultans oder Befehlshabers der Gläubigen[...]. Das Prinzip des velayat-e-faqih, der Herrschaft des Rechtsgelehrten also, ist eine Erfindung Khomenis. Es institutionalisiert die Kontrolle der Regierung und aller wesentlichen staatlichen oder halbstaatlichen Institutionen durch den Geistigen [...] Führer, um damit, wie es heißt, den Staat, seine Gesetze und Aktivitäten Gottes Willen zu unterwerfen.

Gleichzeitig hat die Verfassung Khomenis den [...] Staat allerdings zur Republik gemacht, und somit also moderne Institutionen und Verfahren eingeführt, etwa regelmäßige Wahlen oder Gerichtsverfahren mit mehreren Instanzen. Das Ergebnis ist ein komplexes System mit konkurrierenden Institutionen und theokratischen wie auch republikanischen Machtzentren."[53] Aber wurde dem Wunsch der Bevölkerung nach mehr Partizipation entsprochen oder entstand vielmehr ein fundamentalistisches System im Kleid der Republik?

---

[52] Hartleb/Raps, Mensch und Politik 11, S. 204
[53] Perthes, Iran, Eine politische Herausforderung., S. 33+34

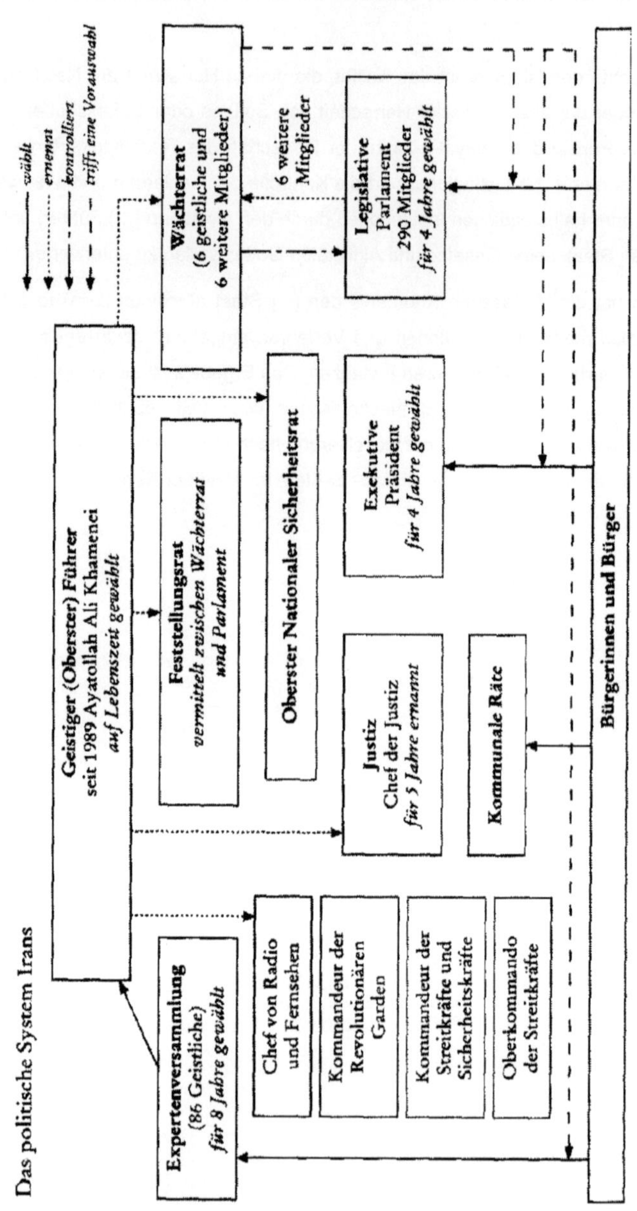

Abbildung 2: Staatsaufbau des Iran

An der Spitze des Staatsgefüges steht der Geistige Führer, dessen Amt Khomeini für sich beansprucht und bis 1989 bekleidete. Seitdem wird es von seinem Nachfolger Ayatollah Ali

Chamenei ausgefüllt. Beide waren bzw. sind Inhaber des mächtigsten Amts im Staat, jedoch keine Diktatoren; sie stehen über allem und führen lediglich eine überwachende Aufgabe aus. Sie sind die Repräsentanten des entrückten zwölften Imam und führen diese, lediglich repräsentative Regentschaft, an. Diese sog. Revolutionsführer „genieß[en] die uneinge-schränkte Macht. [Der Revolutionsführer] kann jedes vom Parlament verabschiedete Gesetz und jede Entscheidung der Regierung zurückweisen. Er ist damit über alle gewählten Instanzen weisungsbefugt."[54] Er „ernennt die Spitzen des Sicherheitsapparats, der Justiz, der staatlichen Medien und der religiösen Stiftungen."[55]

Die „zentrale Institution auf der theokratischen Seite des politischen Systems ist der Wäch-terrat"[56], der von zwölf Personen gebildet wird. Neben seiner Funktion die verabschiedeten Gesetze auf ihre Vereinbarkeit mit dem Islam zu prüfen, hat er die Aufgabe die Verfassung in ihrer religiösen Bedeutung für die Gesellschaft zu interpretieren. „Damit [ist] der Wächterrat in der Lage, sämtliche Beschlüsse des Parlaments zurückzuweisen."[57] Ferner überwacht er die Wahlen und selektiert bereits im Vorhinein die zur Wahl stehenden Kandidaten nach ihrer Haltung und Handhabung mit dem Islam. „Damit sind alle Wahlen in der Islamischen Repub-lik nur mehr eine Farce. Der Wächterrat ist praktisch der verlängerte Arm des Revolutions-führers. Die Hälfte der Mitglieder diese Gremiums ernennt er selbst, die sechs anderen wer-den vom Justizchef vorgeschlagen, der seinerseits direkt vom Revolutionsführer ernannt wird."[58] Er „bestimmt letztlich die Politik des Landes"[59].

Eine weitere wichtige Instanz ist der Feststellungsrat. „[D]ie Mitglieder dieses Rates werden vom Revolutionsführer ernannt. Bis 2005 hatte der [Feststellungsrat] die Aufgabe, bei Kon-flikten zwischen dem Parlament und dem Wächterrat zu vermitteln. Er konnte und kann aber auch [...] selbst Gesetze erlassen, die lediglich der Zustimmung des Revolutionsführers be-dürfen. Letztlich steht der [Feststellungsrat] damit über dem Parlament, über der Regierung und über der Justiz, kann also nach Belieben jede Entscheidung dieser Instanzen revidie-ren."[60]

Die wichtigste Stütze dieses theokratischen Systems sind die Revolutionswächter, „eine mili-tärische Parallelstruktur, die erhebliche wirtschaftliche Ressourcen kontrolliert"[61]. Diese aus bis zu eine Million „religiöse[n] Eiferer[n]"[62] bestehende Truppe untersteht dem Befehl des Geistigen Führers und hat die Aufgabe das System und dessen Idee gegen Angriffe von innen wie von außen zu verteidigen.

---

[54] Nirumand, Iran, die drohende Katastrophe, S. 95-96
[55] Perthes, Iran – Eine politische Herausforderung, S. 34
[56] ebd., S. 35
[57] Nirumand, Iran, Eine drohende Katastrophe, S. 95
[58] ebd.
[59] Hartleb/Raps, Mensch und Politik 11, S. 205
[60] Nirumand, Iran, Eine drohende Katastrophe, S. 96
[61] Perthes, Iran, Eine politische Herausforderung, S. 35
[62] Bednarz/Follath, Die Schattenkrieger, in: Spiegel 7, 2010, S.89

Der Präsident und das Parlament zählen zu den republikanischen Elementen in der Herrschaft des Rechtsgelehrten. „Beide werden durch [...] Wahlen bestimmt. Das Parlament hat
in erster Linie legislative Funktion, könnte aber mit einer Zweidrittelmehrheit und mit Zustimmung des Geistigen Führers auch den Präsidenten des Amtes entheben. Der Präsident ernennt das Kabinett; Kabinettsmitglieder brauchen aber ein positives Vertrauensvotum vom
Parlament."[63]

Was soll man also von Khomeinis Staatsordnung letztlich halten? Faktisch lässt sich zusammenfassen, dass die eine despotische Herrschaft der anderen gewichen ist. Statt dem
Schah ist nun der Geistige Führer unumschränkter Herrscher. Bei ihm laufen alle Leitungen
im Staatsgefüge zusammen; alle Wege führen zu ihm. Die autoritäre Diktatur des Schahs ist
der theokratischen Diktatur der Mullahs gewichen. Deren, als Republik getarntes Machtsys-
tem, hat seine Grundlage im Koran. Ausgerichtet auf Religion und Spiritualität vermag es die
Islamische Republik nicht, den Interessen ihrer Bevölkerung, nach Rechtsstaatlichkeit, Be-
achtung der Grundrechte, d.h. einer ordentlichen Gewaltenteilung, nachzukommen. Sie ist
vielmehr ein Widerspruch in sich: Basiert doch Republik auf dem Willen des Volkes, so zeigt
der Zusatz der Islamischen Republik an, das es sich nach einem Staat, der auf dem Koran
basiert, handelt[64].

Die Islamische Republik Iran ist damit ein Konstrukt, in der jegliche Ordnung für das Leben
der Menschen, von den Mullahs und deren Meinung und dem Koran vorbestimmt ist. Da der
Koran als Inlibration Gottes angesehen wird, ist letztlich also von einer Herrschaft Gottes auf
Erden zu sprechen. Der Iran ist demnach ein Gottesstaat.

*„Die Konzentration der Macht auf Instanzen, die nicht vom Volk gewählt, sondern von einem
absoluten geistlichen Herrscher ernannt werden, zeigt, dass es sich bei der islamischen Republik tatsächlich um eine Theokratie [...] handelt und dass die Bezeichnung ‚Republik' nichts
als Blendwerk darstellt, das aber in Wahrheit niemanden mehr zu blenden imstande ist."*[65]

4. Kehrseite der Revolution: Der Fundamentalismus im Iran

4.1. Definition des Begriffs ‚Fundamentalismus'

„Eine innere Haltung, eine Weltanschauung oder eine religiöse Überzeugung wird im heutigen Sprachgebrauch dann als fundamentalistisch bezeichnet, wenn sie von ihren Anhängern
als einzige und absolute Wahrheit angesehen wird, die durch keinerlei Einwände oder Einschränkungen zu relativieren ist. [...] Fundamentalisten beharren auf dem absoluten Wahr-
heitsanspruch ihrer jeweiligen Fundamente[66]. [In ihren Augen gelten diese als] unumstößlich
[und] werden [daher] mit allen – auch gewaltsamen - Mitteln verteidigt. In ihrer verengten

---

[63] Perthes, Iran, Eine politische Herausforderung, S. 34
[64] vgl. Nirumand, Iran, Die drohende Katastrophe, S. 95
[65] Nirumand, Iran, Die drohende Katastrophe, S. 96
[66] in diesem Fall der Koran des Islam

Sicht der Dinge lehnen Fundamentalisten moderne Prinzipien wie Pluralismus [...], Toleranz und Säkularisierung [...] ab.

Ein entscheidendes Kriterium fundamentalistischer Gruppierungen ist somit, dass sie die Ansichten anderer gesellschaftlicher Gruppen nicht akzeptieren.

Ein wesentliches [...] Merkmal aller Fundamentalisten ist folglich die [...] Ablehnung der modernen Gesellschaft [...]. Sie zeigen keinerlei Verständnis für Gegenwart und Zukunft, sondern leben ausschließlich in [...] der Vergangenheit [...]. Sie glauben nicht an die Rationalität und verwerfen deshalb jede moderne Interpretation religiöser Texte und politischer Ideologien, außer der eigenen [und rechtfertigen damit] das gewaltsame Ausschalten jener [...], die nach ihrer Auffassung [...] ihre[n] Ideale[n] im Weg stehen. "[67]

Fundamentalistische Ideen sind insofern attraktiv, da sie leicht verständliche Orientierungsmuster bieten und die großen, unverrückbaren Wahrheiten ihren Anhängern eine sichere Basis bieten. Die eigene Ratio wird nicht benötigt, da der Einzelne nicht selbst entscheiden und Verantwortung tragen muss. Individuelle Wahrnehmung gibt es nicht.[68]

4.2. Das Fundamentalistische System

„Ahmadinedschad nannte seine Wiederwahl vor einem Jahr ‚hundert Prozent demokratisch'. Wer von dem rechten Wege Chomeinis abweiche, den werde ‚das Volk verwerfen'. [...] Mit der Wahl im letzten Jahr ‚haben wir den Weltrekord in Demokratie gebrochen' [...]. Die iranische Regierung sei die demokratischste der Welt. [sic]"[69]

„Demokratisch" und „Rechtens" nennt Ahmadinedschad den Wahlprozess, der ihm 2009 eine zweite Amtszeit als Staatpräsident sicherte. Doch was versteht die khomeinistische Staatsordnung unter dem Begriff Demokratie? Rechtsstaatlichkeit, die Bindung der Staatsgewalt an die Grundrechte, deren Verankerung in der Verfassung und die Herrschaft des Volkes? Wohl kaum; insbesondere das Letztgenannte ist wie oben hervorgeht, als falsch einzustufen.

Khomeini sprach zwar vor der Errichtung der Islamischen Republik von „freie[n] Wahlen"[70], die er beabsichtige durchführen zu lassen, doch kann von einer Demokratie, wie sie beispielsweise in Deutschland existiert, keine Rede sein. „Nach islamischem Verständnis wäre dies auch nicht vorstellbar: Denn für die schiitischen Fundamentalisten umschreibt der Koran eine vollkommene, da von Gott gegebene Gesellschaftsordnung, die sich aufgrund ihres göttlichen Charakters jeder menschlichen Veränderung entziehen muss. Religion und Politik bilden demnach eine unauflösbare Einheit. Der Koran enthält die göttlichen Gesetze, die in einem Gottesstaat auf Erden vollzogen werden müssen. Für Pluralität gibt es innerhalb die-

---

[67] Hashemi, Fundamentalismus, Absage an die Moderne, S.31ff.
[68] vgl. ebd., S.46
[69] http://www.tagesspiegel.de/politik/chamenei-und-ahmadinedschad-setzen-opposition- unter-druck/1851832.html aufgerufen am 2.10.2010
[70] O.V., „Ich bin der Sprecher dieses Volkes", in: Spiegel 4, 1979, S.110

ser religiösen Gesellschaft ebenso wenig Raum wie für Liberalität oder Individualität. Von der großen Politik bis hin zum Verhalten des kleinen Mannes im Alltag wird alles von der Religion bestimmt; Grundsatzfragen stehen nicht zur politischen Disposition [...]. Der Islam erweist sich als ein in sich geschlossenes System, unveränderbar und damit in extremem Maße traditionsverhaftet. [...]

Eine Aufklärung oder Reformation hat es hier nie gegeben. Immer blieb der Islam die als vollkommene Lebensform verstandene Religion. Die Wirklichkeit sollte sich ihm anpassen – nicht umgekehrt."[71]

Dieser Anspruch, allein das Fundament des Islam, dessen Lehre und Auslebung, sei das einzig Rechte und von Gott Legitimierte, ist fundamentalistisch. Es kann nur dann bestehen, solange ein anderes System abgelehnt wird und keine Chance zur Etablierung bekommt.

4.3. Fundamentalismus in der Öffentlichkeit

4.3.1. Fundamentalismus und freie Meinungsäußerung

„Menschenrechtlerin in Haft – Die iranische Menschenrechtsaktivistin [...] Nazar-Ahari ist [...]wegen staatsfeindlicher Aktivitäten zu sechs Jahren Haft verurteilt worden. D[er] 26-Jährige[n] [...] wird Verschwörung und Propaganda gegen das iranische Regime angelastet[...]. Ihr Verteidiger kündigte [...] umgehend Berufung [...] an."[72]

„Hochschule der Opposition[:] Irans Präsident will Universität unter Kontrolle bringen – [...] Bisher ist die ‚Freie Universität' mit fast 1,5 Millionen Studenten und Professoren an landesweit 387 Fakultäten [...] noch ein relativer intellektueller Freiraum in der [IRI]. [...] Falls der Präsident sich durchsetzen kann, wird es auch an der Freien Universität Abhöranlagen und Kontrollen durch Geheimdienst sowie Revolutionsgarden geben."[73]

Die radikale Haltung der iranischen Elite und Mullahs lässt sich an diesen zwei Beispielen deutlich festmachen: Einerseits das harte Durchgreifen gegenüber Verbreitern von anderem – liberalerem und modernerem – Gedankengut und andererseits die systematische Prävention, das islamische System keiner Gefahr auszusetzen.

Der Iran verfolgt hierbei zwar eines der obersten Ziele eines Staates, nämlich die Sicherung und Wahrung der staatlichen Ordnung, doch geschieht dies dort auf autoritäre und totalitäre Weise. Während in Deutschland jegliche Staatsgewalt an die im Grundgesetz festgeschriebenen Grundrechte gebunden ist, sind diese im Iran völlig ausgeblendet. Oft geschieht es, dass mit fadenscheinigen Anschuldigungen in Büros und Privaträume eingedrungen wird, das Inventar verwüstet und die Bewohner verprügelt bzw. sogar mitgenommen werden. Wer

---

[71] Encke, Ayatollah Khomeini, Leben, Revolution und Erbe, S. 32+33
[72] SZ vom 20.09.2010, dpa, Menschenrechtlerin Haft
[73] SZ vom 29.06.2010, Chimelli, Hochschule der Opposition

hinter solchen Übergriffen steckt ist unklar, da die Täter nicht ermittelt werden. „Schläger mit Staatsauftrag"[74] gelten als wahrscheinlich. Erst Monate später wird den Opfern der Prozess gemacht, der sich über Jahre hinziehen kann, wie es beispielsweise im Fall Ashtiani gewesen ist. „Urteil[e] [fallen] binnen weniger Minuten und ohne Beisein von Anwälten."[75]

Dieses raue Vorgehen wird in der iranischen Verfassung nicht grundsätzlich verboten; darin heißt es, dass „im Rahmen der islamischen Bewegung ein Rechtswesen lebenswichtig [ist], [das] Abweichungen von der Grundhaltung innerhalb der islamischen Glaubensgemeinschaft verhindert, [um] dem Rechtsschutz der Bevölkerung"[76] nachzukommen. Frei nach dem Motto ‚Der Zweck heiligt die Mittel' missachtet der Staat die Rechte einzelner, um die Rechte der Masse zu schützen. Es ist die Aufgabe der Justiz, Abweichler zu verurteilen, um, wie es in der Verfassung heißt, die Bevölkerung zu schützen, von der Khomeini ausgegangen ist, dass jeder Einzelne der islamischen Glaubensgemeinschaft angehört und damit vollends hinter dem Absolutheitsanspruch des theokratischen Regimes steht. Er sagt damit, dass ein derartig staatliches Vorgehen legitimiert und daher unbedenklich ist.

Letztlich heißt das aber nicht, dass der Iran ein generell menschenverachtender Staat ist: Er unterscheidet lediglich in die, die ihn stützen und in diejenigen, die ihm gefährlich werden könnten. „Terror und Einschüchterung werden immer dann sichtbar, wenn sie sich gegen [...] Regimegegner richten."[77]

4.3.2. Fundamentalismus in der Rechtssprechung

„Der wichtigste Schritt auf dem Weg zum Gottesstaat [war] die Einführung der Scharia, des islamischen Rechts"[78], das von Geistlichen in Orientierung am Koran gesprochen wird und durch seinen mittelalterlichen Strafenkatalog traurige Berühmtheit erlangte. Insbesondere Ayatollah Khalkali begründete den Ruf Irans als den eines blutrünstigen Gottesstaates, nachdem er im Zuge revolutionärer Umwälzungen Hunderte ehemalige Würdenträger des Schahs und politische Gegner im Eilverfahren hinrichten ließ und dann auch gegen jeden, der lediglich gegen islamische Moralvorschriften, wie bspw. die Kleiderordnung oder Alkoholverbot, verstoßen hatte, die grausamsten Strafen verhängte. Er war davon überzeugt, dass kranke und verdorbene Individuen aus der im Grunde gesunden islamischen Gemeinschaft entfernt werden müssten[79] und verstand sein grausames Handwerk „nicht als eine Verunsicherung der Gesellschaft [...] sondern als einen selbstlosen Dienst an ihr. [...] Für Selbstzweifel gab es in seinem Denken keinen Raum"[80], was kennzeichnend für fundamentalistisches Denken ist.

---

[74] SZ vom 22.05.2010, Chimelli, Schläger mit Staatsauftrag
[75] ebd.
[76] Özoguz, Die Verfassung der islamischen Republik Iran, S. 17
[77] SZ vom 22.05.2010, Chimelli, Schläger mit Staatsauftrag
[78] Hashemi, Fundamentalismus, Absage an die Moderne, S. 61
[79] vgl. Encke, Ayatollah Khomeini, Leben, Revolution und Erbe, S. 69ff.
[80] ebd., S. 72

Die Standhaftigkeit der Mullahs in Bezug auf deren Rechtssystem, der Scharia, hat in letzter Zeit jedoch Risse bekommen, als es um die Steinigung der zum Tode verurteilten Sakineh Mohammadani Ashtiani ging. Das Schicksal der wegen Ehebruchs Verurteilten zog insbesondere in den letzten Monaten das Interesse der Weltöffentlichkeit auf sich. Menschenrechtsorganisationen und Regierungen setzten sich für Ashtiani und gegen die barbarische Methode ihrer Hinrichtung und gegen das fundamentalistische, menschenunwürdige Rechtssystem der Scharia ein. Mit Erfolg. „[W]egen ‚humanitärer Bedenken' des obersten Richters des Landes"[81] wurde das Urteil vorläufig ausgesetzt; Ashtiani sitzt jedoch immer noch in Haft.

In Anbetracht des Anfang August aufgekommenen Videos mit dem angeblichen Geständnis Ashtianis wird die Strategie Irans deutlich: Iran, das sich der Welt als starkes Land präsentieren will, das seine Gesetze und Ordnung achtet, möchte sich nicht den Schuh des Unterdrückers und Unmenschlichen anziehen lassen – schon gar nicht in einem so hochgeschaukelten und internationalisierten Fall wie dem Ashtianis. Klar ist jedoch, dass Iran die Stimmung mit der Aufschiebung des Urteils abkühlte. Wollte der Westen nicht glauben, dass Iran völlig legitim handelt, so musste man es ihm beweisen: Ein Video tauchte auf, welches das angebliche Geständnis Ashtianis zeigt – ein unter Folter erzwungenes Geständnis wie ihre Anwälte behaupten. „Amnesty International verurteilte das ‚sogenannte' Geständnis [mit den Worten] ‚Iran erfindet Verbrechen. [...] [Dies] sei eine inakzeptable Praxis und ein Schlag ins Gesicht der Justiz.' [Das] iranische Komitee gegen Steinigung [sagte]: ‚Es ist nicht das erste Mal, dass unschuldige Opfer im Fernsehen vorgeführt und dann auf der Grundlage der erzwungenen Geständnisse verurteilt werden.'"[82] Wie der Falls ausgeht, bleibt abzuwarten.

4.3.3. Fundamentalismus gegenüber Frauen

In der IRI zeigen sich fundamentalistische Haltungen auch gegenüber Frauen, die dort – nicht selten mit Gewalt – unterdrückt werden. „Zwar kommt [...] Gewalt gegen Frauen nicht nur in muslimischen Gemeinschaften vor. Doch kaum irgendwo wird sie so häufig und so selbstsicher religiös begründet. Von Kairo bis Kuala Lumpur, von Kabul bis Khartum, [...] liefert die Scharia, die Gesetzesordnung des Islam, die Grundlage für ein Gesellschaftssystem, in dem Frauen stets damit rechnen müssen, als Menschen zweiter Klasse zu leiden."[83] So heißt es im Koran: „Die Männer stehen über den Frauen, weil Allah die einen vor den anderen ausgezeichnet hat." (Sure 4:34)

Bei genauerer Analyse des Abschnitts in der iranischen Verfassung, der den Frauen gewidmet ist, kommen jedoch paradoxe Strukturen zu Tage. In der Präambel heißt es: „Als Folge der Übernahme einer größeren Verantwortung[84] wird ihr aus Sicht des Islam eine größere

---

81 http://www.heise.de/tp/blogs/8/148003 aufgerufen am 12.10.10
82 http://www.zeit.de/politik/ausland/2010-08/iran-steinigung-todesstrafe-gestaendnis aufgerufen am 12.10.10
83 Fuchs, Gassel, Das verfemte Geschlecht, S. 45
84 gemeint ist die Mutterrolle und die Sorge um die Familie. Aufgabe der Mutter ist es weiter, ihre Kinder nach einer festen Weltanschauung, hier der Islam, zu erziehen.

Wertschätzung und höhere Würde zuteil."[85]; sie hat primär die Aufgabe der Mutterschaft, insbesondere die Erziehung im islamischen Glauben, inne. Doch jetzt kommt der Widerspruch: Die Frau „ist [...] zunächst die Mitkämpferin der Männer im aktiven Leben."[86] Damit wird deutlich, dass Khomeini der Funktion der Frau innerhalb der Familie große Wichtigkeit für das Bestehen des Staates einräumt, doch sieht er sie darin auch beschränkt. Die Einräumung der höheren Würde gilt nur für ihren Tätigkeitsbereich, der da aufhört, wo der der Männer beginnt: Mit dem Verlassen des eigenen Hauses. Hat sie einen großen ideellen Wert für das System, ist die Frau in ihrer Mündigkeit jedoch dem Mann unterworfen. Ihre Aufgabe ist es nicht öffentlich selbst zu bestimmen, oder gar den Mann anzuleiten, als vielmehr zu gehorchen und den Ordern des Mannes Folge zu leisten.

Was heißt das nun konkret im Iran? Fest steht, dass das politische System insofern als frauenfeindlich bezeichnet werden kann, da das „praktizierte islamische Gesetz Frauen nach heutigen Maßstäben systematisch im Heirats-, und Scheidungs-, im Erb-, und im Strafrecht diskriminiert und strukturell benachteiligt."[87] Frauen, die zu Schahzeiten noch individuelle Rechte genossen, müssen seit der Machtergreifung Khomeinis „die islamische Kopfbedeckung beachten"[88]. Neben der Erleichterung für Polygamie wurde das vom Schah eingeführte Scheidungsrecht wieder abgeschafft und alle bisher vollzogenen Scheidungen annulliert.[89] Des Weiteren ist eine Erlaubnis seitens des Ehemannes Pflicht, wenn Frauen arbeiten oder auf reisen gehen wollen. Für die Ausstellung eines Reisepasses bedarf es einer schriftlichen Genehmigung seitens des Ehemannes. Ferner gilt eine weibliche Zeugenaussage vor Gericht nur halb so viel wie die eines Mannes; erben dürfen Frauen nur halb so viel wie Männer.[90]

4.4. Fundamentalismus in Medien und Politik

4.4.1. Fundamentalismus in Medien und Meinungsbildung

Laut Khomeini ist „'[d]as höchste, was diese Revolution fruchtbar machen und ins Ausland exportieren kann, [...] die Propaganda.'"[91]

Damit ist bereits festgelegt, was in allen Medien verbreitet werden soll: Der Islam und seine Lehre. Dies ist ebenfalls bereits in der Präambel der iranischen Verfassung festgelegt.[92] Die Satzung der staatlichen Medien bestimmt: „'Die Ton und Bild-Anstalt [...] muss sich durch die Verbreitung von Maktabiwerbung (Koranschulen), von politischer und gesellschaftlicher Propaganda und der Erzeugung von Verantwortungsgefühl in der Bevölkerung und der Entlar-

---

[85] Özoguz, Verfassung der islamischen Republik Iran, S. 16
[86] ebd.
[87] Wahdat-Hagh, Die Islamische Republik Iran, S. 408
[88] ebd.
[89] vgl. Haeri, Obedience versus Autonomy, S. 192
[90] vgl. Erchadi/Khonsari, Wir leben in Iran, S. 45
[91] Rawabete, Omumiye, Öffentlichkeitsabteilung der Ton und Bild der IRI, Ton und Bild in den Worten Imam Khomeinis, S. 45
[92] vgl. Özoguz, Verfassung der iranischen Republik Iran S. 18

vung von Verschwörungen und den Plänen der inneren und äußeren Feinden der Revolution im Sinne des Schutzes und der Fortsetzung der Revolution widmen.'"[93].

Alles, was diesen Rahmen sprengt, z.B. kritische Berichterstattungen über politische Entwicklungen oder die Beleuchtung bestimmter Ereignisse in einem anderen Licht, als dem islamischen, zieht den Zorn der Mullahs auf sich. Zensur und Mundtotmachung sind ebenso die Folge, wie eine einseitige öffentliche Informationspolitik und die Manipulation der politischen Willensbildung.

4.4.2. Fundamentalismus in der Politik

Wie bereits erwähnt sieht der islamische Staat Religion und Politik als unauflösbare Einheit an. Da der Koran für die Fundamentalisten als eine von Gott gegebene Gesellschaftsordnung angesehen wird, steht für sie die Installation selbiger außer Frage. Diese Ordnung ist so weitreichend und universal, dass eine eigene Auslegung und Interpretation unmöglich und von fundamentalistischen Geistlichen auch nicht unerwünscht ist. Da sämtliche Lebensbereiche abgedeckt werden, ist für Pluralismus bzw. Individualität in diesem theokratischen System kein Platz.

Im Iran gibt es dennoch Parteien, ein Parlament und ein politisches Leben, wobei von Parteien im herkömmlichen Sinn nicht zu reden. Die dortige politische Landschaft wird, anders als im Westen, nicht durch eine Anzahl verschiedener Parteien, die mehr oder weniger stabil sind, strukturiert sondern durch Fraktionen und politische Netzwerke, deren Mitgliederzahlen fließend sind[94].

„Trotz [...] erkennbare[r] Unterschiede zwischen den Gruppen [...], stehen sie alle auf dem Boden der Grundordnung der Islamischen Republik. Das heißt, sie stehen grundsätzlich loyal zum Regime, auch wenn sie es verändern oder reformieren wollen."[95]

Die khomeinistische Staatsordnung ist jedoch nicht völlig frei von Pluralismus. Schiitische Gemeinden sind seit jeher pluralistisch strukturiert: Aufgrund verschiedener schiitischer Schulen und Mullahclans hatte jede Gemeinde andere Interpretationen des islamischen Rechts und damit andere theologische Ansätze. Die Auslegungsmöglichkeiten dieses islamischen Rechts[96], sind jedoch eingeschränkt, was damit auch für den politischen Pluralismus im Iran gilt.[97] Alle Fraktionen, die gegenwärtig in Erscheinung treten, gehören somit dem „beschränkten Kreis derjenigen [an], die eine irdische Herrschaft des schiitischen Klerus nach khomeinistischen Modell akzeptieren."[98] Das war natürlich nicht immer so. Insbesondere nach der Installation der Islamischen Republik 1979 verschwanden viele Parteien von der

---

[93] Madani, Seyyed Jalaloldin, Verfassungsrecht in der Islamischen Republik Iran, Regierung (Staat) Die Exekutive, S. 136
[94] vgl. Perthes, Iran, Eine politische Herausforderung, S. 48
[95] ebd., S. 48-49
[96] Im Islam als Feqh bekannt. Grundlage des religiösen, philosophischen und politischen Denkens
[97] vgl. Wahdat-Hagh, Die islamische Republik Iran. S. 325
[98] ebd., S. 325

politischen Bühne, nachdem sie öffentlich Kritik am Führungsanspruch Khomeinis äußerten. Dem Klerus gelang es dadurch, über kurz oder lang, „jeder bürgerlich-demokratischen Opposition den Garaus"[99] zu machen. Dass es aber eben diese Parteien waren, die einst halfen, den Schah zu stürzen, wurde ebenso ausgeblendet wie deren ursprüngliche revolutionäre Forderung nach einem sozialistisch interpretierten Islam.

Der oben beschriebene schiitische Pluralismus ist nicht mit dem des demokratischen Pluralismus gleichzusetzen. Dessen Definition, dass „staatliches Handeln als Resultat des politischen Wettbewerbs und Drucks von Interessengruppen auf die Regierung"[100] geschieht, ist im Iran Wunschdenken.

„Der ‚schiitische Pluralismus' spielt in der inneriranischen Machtpolitik die Ersatzrolle für offen ausgetragene gesamtgesellschaftliche Auseinandersetzungen. [...] Diese ‚innerislamische Pluralität' [hat] weniger mit Demokratie als mit klerikalen Meinungsverschiedenheiten zu tun."[101] Alle in ihr debattierten Positionen gehen vom „khomeinistischen Dogma der klerikalen Herrschaft"[102] aus. Alle „politischen Richtungskämpfe bleiben systemimmanent und damit politisch reaktionär, denn sie verwerfen nicht die wichtigsten Organe und die institutionellen Garanten der Diktatur. Innerhalb des diktatorischen Systems bleibt entfalteter politischer Pluralismus eine Fiktion."[103]

Die heute im Iran existenten etablierten Fraktionen haben sich mit dieser khomeinischen Basis jedoch abgefunden. Sind die verschiedenen Strömungen zwar stets an die grundlegende Ideologie Khomeinis gebunden, gibt es dennoch einen echten politischen Wettbewerb, den die Wähler auch recht ernst nehmen. Sind sie mit einem Präsidenten nicht zufrieden, können sie ihn auf friedlichem Wege loswerden. Weiter wirkt auch die Tatsache, dass es überhaupt Wahlen gibt und die Eliten sich daher stets um ihr Ansehen in der Bevölkerung bemühen müssen, sich festigend auf die Republik Iran aus.[104]

4.5. Der Iran – Ein Gottesstaat!?

Wie oben bereits angeklungen ist der Iran ein Gottesstaat. Nach christlicher Sichtweise wäre dies ein Staat, in dem die Menschen von der Liebe Gottes geführt und in einem System leben würden, das auf den Grundwerten der Bibel beruht. Den Koran mit der Bibel gleichzustellen ist mit Sicherheit nicht richtig, doch der Grundgedanke, die Liebe Gottes zu den Menschen und seine Solidarität zu ihnen, sind für beide kennzeichnend. Hier nun anzusetzen und nach der Liebe Gottes im theokratischen System der Islamischen Republik Iran zu suchen, offenbart wie paradox diese Machtstruktur ist.

---

[99] Encke, Ayatollah Khomeini, Leben, Revolution und Erbe, S. 68
[100] http://www.bpb.de/popup/popup_lemmata.html?guid=D1632M aufgerufen am 16.10.10
[101] Wahdat-Hagh, Die islamische Republik Iran, S. 325
[102] ebd., S. 325
[103] ebd., S. 325-326
[104] vgl. Porthos, Iran - Eine politische Herausforderung S.49

Das gesamte Machtgefüge und das Leben der Bevölkerung wurde mit der Ausrufung der Islamischen Republik neuen Gesetzen unterworfen, die den islamischen Charakter der neuen Republik wiederspiegeln und durch und durch religiös sein sollten. Khomeini nannte diese Gesetze „'ein umfassendes gesellschaftliches System'"[105] in dem alles zu finden sei, „'was zur Bewahrung der Ordnung unter Menschen nötig ist'"[106]. „'Das Ziel der Islamischen Gesetze ist es, den Menschen zu erziehen zur lebendigen Verkörperung der Gesetze Allahs. Der Heilige Koran [...] enthalte alle Weisungen und Gesetze, die der Mensch zum Glück und zur Erreichung der Vollkommenheit braucht.'"[107]

Dies möchte ich besonders hervorheben: Den Menschen zu erziehen - damit wird ein totalitärer Anspruch des Staates deutlich: Die Meinung des Einzelnen zählt nichts und ist im totalitären System unerwünscht. Erst in der Masse, nach der Eingliederung ins System und der Übernahme eines bestimmten Gedankenguts, ist man stark. Die 1980 begonnene Kulturrevolution mit dem Ziel den Islam zu stärken, kann als Beispiel eines solchen Systems genannt werden. Es bleibt festzuhalten, dass dieser totalitäre Zug im theokratischen Regime mit der Liebe Gottes nicht vereinbar ist.

Ebenso der Schritt zurück ins Mittelalter: Was kann der Sinn davon sein, einen Strafenkatalog mit menschenverachtenden Maßnahmen und Zurschaustellungen wieder einzusetzen? Ist die Scharia der Weg zum Glück? Ist es vertretbar mit diabolischen Maßnahmen an einem einzelnen die Gesellschaft zu erziehen? Steht hinter dem Ganzen doch der Gedanke ‚Angst stützt das System'?

Für die Fundamentalisten in Iran stehen solche Fragen jedoch nicht zur Debatte, da im Koran bereits alles festgelegt und daher auszuführen ist, egal was einem der Verstand sagt.

Aber was ist das für eine Revolution bzw. ein System, das sich durch militantes Vorgehen gegen jede Art von Opposition versucht, an der Macht zu halten? Die Frage drängt sich demnach auf: Gibt es den Gottesstaat noch?

Es deutet vieles und mehr darauf hin, dass die eigentliche Idee von Gottes Staat auf Erden, dass die Menschen lediglich die Aufgabe eines Stadthalters inne haben sollten, verschwunden zu sein scheint. Doch was ist geschehen, mit der „Stadthalterschaft des Volkes"[108]?

Zuerst einmal sollte festgehalten werden, dass, nach islamischem Verständnis von Demokratie, Demokratie nur beschränkt gilt und niemals absolut. Alles kann vom Geistigen Führer letztlich bestimmt werden, der ja schließlich die repräsentative Herrschaft anführt und daher angeleitet ist nach Gott und seiner Offenbarung zu handeln; der „Slogan von der ‚Einheit von Religion und Staat'"[109] bestätigt dies.

---

[105] Konzelmann, Allahs Schwert, S. 236
[106] ebd.
[107] ebd.
[108] http://www.im.nrw.de/sch/603.htm aufgerufen am 06.11.10
[109] ebd.

„Gottes Offenbarung wird dabei mit der Scharia gleichgesetzt, die Scharia mit dem Islam. [...] Durch die Vollkommenheit dieser durch Gott offenbarten Rechts- und Lebensordnung führe sie – richtig umgesetzt – zu Frieden, Gerechtigkeit, Wohlstand und Zufriedenheit unter allen Menschen. Dagegen sei dies mit einer von Menschen ersonnenen Ordnung nicht zu erreichen."[110]

Und das ist paradox: War es nicht Khomeini, der sich das System der Herrschaft der Rechtsgelehrten ausgedacht hat? Zur Erinnerung: Dieses System „institutionalisiert die Kontrolle der Regierung und aller wesentlichen staatlichen oder halbstaatlichen Institutionen durch den Geistigen Führer [...], um damit, wie es heißt, den Staat, seine Gesetze und Aktivitäten Gottes Willen zu unterwerfen."[111]

Weiter gilt es festzuhalten, dass „[j]ede Abweichung von diesem Konzept [(nicht dem Khomeinis sondern dem obig genannten)] führe sowohl zu einer Auflehnung gegenüber Gott, also Unglauben, als auch zu Ungerechtigkeit, Unterdrückung und vielen weiteren schlechten Erscheinungen."[112]

Und eben das ist es, was den Iran so unberechenbar macht und ihm seine Stabilität raubt: Es ist keine Herrschaft Gottes wie sie proklamiert wird. Es ist eine Herrschaft der Menschen. Eine Herrschaft der Menschen in einem Gottesstaat; oder: „eine Diktatur im Drillich."[113]

5. Fundamentalismus versus Moderne

5.1. Definition des Begriffs ‚Moderne'

„Der Begriff Moderne [...] bezeichnet einen Umbruch in allen Lebensbereichen gegenüber der Tradition"[114]; oder: „Gegenwart, die jetzige Zeit und ihr Geist"[115].

5.2. Von Krieg über Rafsanjani zu Khatami

Der iranisch-irakische Krieg währte von 1980-1988 und forderte ca.1 Million Opfer. Der Krieg half das religiöse Regime zu festigen und der Geistlichkeit ihren Machtanspruch zu sichern. Die nötige Einigkeit, um einen Krieg durchstehen zukönnen, half dem Regime bei seiner rigorosen Durchsetzung der politischen Ideologie und der Vertreibung etwaiger Konkurrenten um die Vormachtsstellung im Staat. Dass Iran in der Lage war, sich wirksam gegen ein Land zu Wehr zu setzen, dass Unterstützung aus einem Großteil der arabischen Welt sowie der USA erhalten hatte, festigte den Rückhalt des Regimes in der Bevölkerung zusätzlich. Nach acht Jahren Krieg stand für die Bevölkerung daher fest, dass in Zukunft nur mehr auf sich selbst und keiner ausländischen Macht zu trauen ist. Dies markiert den Anfang einer Zeit, in

---

[110] ebd.
[111] Perthes, Iran, Eine politische Herausforderung, S. 33
[112] http://www.im.nrw.de/sch/603.htm aufgerufen am 02.11.2010
[113] SZ vom 08.06.2010 Chimelli, „Diktatur im Drillich"
[114] http://de.wikipedia.org/wiki/Moderne aufgerufen am 21.10.10
[115] Müller, Duden Das Fremdwörterbuch, S.470

der Iran sich mehr und mehr von bilateralen Beziehungen zum Westen entfernt und beginnt, politisch autark zu agieren.[116] Alle außenpolitischen Entwicklungen unterstehen und finden seither allein aus „'nationale[m] Interesse'"[117] statt.

Khomeini stirbt 1989. Sein Nachfolger wird Staatspräsident Ayatollah Ali Chamenei. Als dessen Nachfolger wird der Kleriker Rafsanjani zum Präsident gewählt. Seine Amtszeiten „werden oft als Wiederaufbauära bezeichnet. [Er] versucht das Land auf einen pragmatischen Kurs zu bringen."[118] Der Krieg hatte die Schwächen des Systems lange Zeit überdeckt; die Wirtschaft des Landes war marode und lag am Boden, „[w]irtschaftliche Belebung hat[te] daher Vorrang"[119]. An den Lebenssituationen vieler Bürger änderte sich jedoch nur wenig oder auch gar nichts. Sein Versuch Iran in die Internationale Gemeinschaft wieder zurück zu führen wurde vom Mullah-Regime „unterlaufen"[120]. Eine „Lockerung der kulturellen und politischen Athmosphäre"[121], die schließlich dazu beiträgt, dass der Reformer Khatami 1997 die Präsidentschaftswahlen gewinnt, gelingt ihm jedoch. Dem neugewählten „liberale[n] Linksislamist[en]"[122] „gelingt es, die Stimmen vor allem der Jugend und der Frauen zu gewinnen"[123] und Iran kulturell und intellektuell zu öffnen. „[Er] spricht sich offen für eine starke Zivilgesellschaft sowie für Rechtsstaatlichkeit und Demokratie aus und betont [...] den Wert des Dialogs. Trotz [...] Einschränkungen wird die politische Debatte lebhaft; Tausende von Nichtregierungsorganisationen, unabhängigen Verlagshäusern und kulturellen Initiativen entstehen; die Universitäten gewinnen mehr Autonomie; das politische Leben wird bunter und aktiver."[124] Er steht für einen Stopp der Ausbeutung des Irans, für die Anerkennung und den Austausch westlicher Errungenschaften, für Respekt und Meinungsfreiheit gegenüber Künstlern, Wissenschaftlern und Intellektuellen[125], für „Zugeständnisse an religiöse und ethnische Minderheiten"[126] und das Ende jeglicher Bevormundung seitens des Staates.[127] Seine Versuche das Land zu liberalisieren scheitern jedoch an der Geistlichkeit, die mit dem Wächterrat ein mächtiges Instrument innehält und wichtige Gesetzte einfach kippen lassen kann. Khatamis Amtszeit ist somit von stetiger Lahmlegung durch den Klerus und den religiösen Elementen im Staat geprägt; Resignation ist die Folge. Khatamis Ziel, Iran zu öffnen, die Gesellschaft liberaler zu machen und der Bevölkerung mehr Freiheit zu geben, war damit gescheitert. Vor allem war es die Jugend, die ihre Hoffnungen in Khatami und seine Politik gesetzt hatte. Sie zeigte sich nun bitterlich enttäuscht, hatte das System und ihre bisherigen Beherrscher ihnen doch nur „Arbeitslosigkeit, eine galoppierende Inflation und [eine] voll-

---

[116] Perhes, Iran - Eine politische Herausforderung, S. 23
[117] ebd., S. 21
[118] ebd., S. 23
[119] ebd.
[120] ebd., S. 24
[121] ebd.
[122] Menzel, Zwischen Tradition und Moderne: Die Wirtschaftspolitik im Iran, S.81
[123] Perthes, Iran, Eine politische Herausforderung, S. 24
[124] ebd., S. 25
[125] vgl. Menzel, Zwischen Tradition und Moderne: Die Wirtschaftspolitik im Iran S.82
[126] ebd., S.82
[127] vgl. ebd.

kommene Perspektivlosigkeit beschert"[128]. Angesichts einer unfähigen Regierung, wenden sich viele von der Politik ab. Es gelingt schließlich den Konservativen bei den Wahlen 2005 mehr Anhänger zu mobilisieren. Nachfolger Khatamis wird daher deren Kandidat: Der „konservative[...] Hardliner"[129] Mahmud Ahmadinedschad (*1956).

5.3. Iran in der heutigen Zeit

5.3.1. Die Amtszeit Mahmud Ahmadinedschads

> *„Westliche Beobachter unterschätzen oft, wie gut Ahmadinedschad in seiner Heimat ankommt. Tatsache ist, dass er bei uns [...] nicht ankommt. Aber er hat ein gewisses Charisma. Seine Art, sich einfach zu kleiden, seine leicht verständliche Sprache, seine Konzentration auf die Sorgen der kleinen Leute[...], all das hat ihm geholfen, populär zu werden."[130]*

Seit Ahmadinedschad 2005 zum Präsidenten gewählt worden ist, hat die von ihm repräsentierte islamo-nationalistische Rechte deutlich die Oberhand.[131] In seiner Amtszeit führt er die vom Klerus gewünschte stark islamkonforme und fundamentalistische Politik fort. Maßgebend für seinen durchschlagenden Wahlerfolg waren, neben dem Scheitern der Reformer, vor allem sein Versprechen die Ideale der Revolution zu verwirklichen, die sozialen Probleme des Landes zu lösen und sich um „Brot und Arbeit für alle"[132] zu kümmern.

Den Konservativen und den Fundamentalisten im Land gelang es das Thema Menschen- und Bürgerrechte, geschickt „in den Schatten der sozialen Frage zu stellen."[133] Letztlich realisierten die reformorientierten Kräfte, dass die Lösung der Probleme des Iran, wie beispielsweise eine hohe Arbeitslosigkeit und Inflation[134], wichtiger war, als die Verwirklichung der Bürgerrechte.

Die Partei Ahmadinedschads war zwar jetzt an der Macht, konnte jedoch kein Programm vorzeigen, um den Problemen entgegenzutreten. Formal lauteten sie: Internationale Isolation; Atomkonflikt; Arbeitslosigkeit; Armut; Drogensucht; Wirtschaftskrise. Die Unterstützung seitens der Zivilgesellschaft fehlten ihr ebenso wie die Fürsprache „der Mehrheit der Konservativen, die an den Schalthebeln der Macht saßen und die Wirtschaft des Landes beherrschten. Wie wollte[...] [Ahmadinedschad] [...] ein Volk mit gut 70 Millionen Einwohnern regieren? Die Antwort [...] war: Flucht nach vorn, die Konflikte auf die Spitze treiben, Krisen er-

---

[128] Kermani, Iran, Die Revolution der Kinder, S. 153
[129] Perthes, Iran - Eine politische Herausforderung, S. 27
[130] ebd., S. 50
[131] vgl. ebd.
[132] Gronke, Geschichte Irans, S.115
[133] Nirumand, Iran Die drohende Katastrophe, S. 137
[134] vgl. ebd., S. 134

zeugen, die Armen mit populistischen Parolen mobilisieren, die Gegner denunzieren, Feindbilder aufstellen."[135]

International machte sich Ahmadinedschad vor allem durch auf Konfrontation ausgerichtete und unnachgiebige Außenpolitik einen Namen. Speziell in seinen Reden bediente er sich oftmals dabei am Mittel des Populismus: Indem er gezielt auf die in ihrer missständigen Lebenssituation entstandenen Ängste und Sorgen eingeht, propagiert Ahmadinedschad völlig abwegige Lösungsansätze, die die tatsächliche Schwäche und Unfähigkeit seiner Regierung, v.a. die wirtschaftlichen Probleme in den Griff zu bekommen, überblenden. So sind seine Hasstyraden auf die westliche Welt, insbesondere Amerika, den „'Weltunterdrücker' oder die ,Welt(Macht) der Arroganz'"[136], die damit verbundenen Zweifel am 11. September, sowie die Hetze gegen Israel und die zionistische Bewegung ein in seinen Reden stets anzutreffendes Stilmittel. So gibt es für ihn „nur Freunde und Feinde. Das Lager des Islam werde umzingelt vom dekadenten Westen, von Verrätern und Abtrünnigen, sie müssen vernichtet werden, selbst jene, die den Islam reformieren wollen"[137] Für ihn ist der Islam im Aufstieg. Bald, so denkt er, wird ein „islamische[r] Weltstaat"[138] errichtet werden. Damit ist er „ein populistischer Fundamentalist in politischen wie religiösen Angelegenheiten, der in Habitus und Lebenswandel als Mann des Volkes gilt und der sich ganz der Tradition des verstorbenen [...] Khomeini verpflichtet fühlt."[139]

Trotz des „deeply goofy"[140] „Irre[n] von Teheran"[141] Ahmadinedschad, ist Iran kein so isoliertes Land wie manche meinen würden. „Professionelle Beobachter sind sich [...] weitgehend einig, dass die [IRI] ein rationaler oder ,logisch' handelnder Akteur ist, der Chancen und Risiken abwägt und den eigenen Nutzen zu mehren sucht."[142]

Iran führt dazu enge Beziehungen mit Syrien, Brasilien, der Türkei und den Vereinigten Arabischen Emiraten und ist Unterstützer ausländischer schiitischer Gruppierungen, wie z.B. der militant-islamistischen Hisbollah und Hamas.

Insbesondere wegen seiner starren Haltung im iranischen Atomkonflikt machte sich Ahmadinedschad keinen guten Namen und bekräftigte die westliche Sichtweise, dass Iran ein Schurkenstaat sei.

---

[135] ebd., S. 138
[136] Perthes, Iran Eine politische Herausforderung, S. 53
[137] Nirumand, Iran Die drohende Katastrophe, S. 140-141
[138] ebd.
[139] Hartleb/Raps, Mensch und Politik 11, S. 205
[140] http://www.time.com/time/politics/article/0,8599,1990549,00.html aufgerufen am 07.11.2010
[141] http://www.bild.de/BILD/politik/2010/02/08/irrer-von-teheran/ahmadinedschad-befiehlt-uran-anreicherung.html aufgerufen am 28.10.10
[142] Perthes, Iran - Eine politische Herausforderung, S.60- 61

5.2.3. „Iran und die nukleare Bedrohung"[143]

Das iranische Atomprogramm geht bis in die Zeiten der Schah-Diktatur zurück, wo es ausschließlich zu zivilen Zwecken betrieben wurde. Nachdem es von Khomeini aus ethischen Gründen abgesetzt wurde, griff man es nach dem Krieg erneut auf. „1990 erklärte sich die [SU bereit am] Aufbau eines zivilen iranischen Atomprogramms mitzuarbeiten."[144] Bereits damals „bemühte sich der Iran [...] um [...] Technologien, die es ihm ermöglichen sollten, den nuklearen Brennstoffkreislauf zu beherrschen."[145] Seitdem dieses Bestreben 2003 öffentlich gemacht und klar wurde, dass Iran gegen die Auflagen des Atomwaffensperrvertrages verstoßen hatte, finden Verhandlungen zwischen der IRI und dem Westen „über alle strittigen Punkte"[146] statt. Die Vorstellung, dass ein Land, das seit 1979 mit durchwegs negativen Nachrichten von sich Reden machte, dem militanten Islamismus frönte, offen gegen Amerika, Israel und den westlichen Lebensstil hetzte, der eigenen Bevölkerung Unterdrückung und wirtschaftliche Krisen brachte und so gar nicht in das Schema eines „guten Staates" passte, in Besitz der Atombombe gelangen könnte, alarmierte die internationale Staatengemeinschaft. Seitdem versucht sie mit Sanktionen[147] das iranische Regime zur Einsicht zu bringen. Die Gefahr der Ausbreitung theokratischer Ideologien und der Verdrängung der liberalen Demokratie ist nach wie vor groß.

6. Fazit und Zukunftsaussichten

Die fundamentale Haltung der iranischen Führung lässt sich irgendwo verstehen: Persien war stets Spielball im imperialistischen Gezänk der Hegemonialmächte, dabei stets fremd bestimmt und abwertend, ausbeuterisch behandelt. Als man glaubte in der konstitutionellen Monarchie würde das Volk zu Partizipation kommen, kam der erste Weltkrieg und Iran versank im Chaos. Der vom Westen installierte Reza Schah brach mit den Traditionen und zwang das Land in die Moderne. Von der einen Identitätskrise erschüttert, kamen erneut die Ausländer und ersannen dessen Sohn zum Herrscher, dessen Unerfahrenheit und Schwäche sie zu nützen wussten, um im Iran tun und lassen zu können was sie wollten. Das Volk sehnte sich nach Fairness und Gleichberechtigung; die Religion schien der Heilsbringer zu sein und es kam zur Revolution. Stark tritt der neue Staat auf. Fest und entschlossen. Mit

---

[143] Krüger, Iran und die nukleare Bedrohung, in: SZ, 21.08.10
[144] Perthes, Iran - Eine politische Herausforderung, S. 90
[145] ebd.
[146] ebd., S. 91
[147] Handels- und Investitionsverbote, Einfrieren von ausländischen Konten, Versagen technischer Unterstützung im Öl- und Gassektor und Verhängen von Reisebeschränkungen für bestimmte Bevölkerungsgruppen, Embargos gegenüber iranischen Banken, Handelsgesellschaften und Reedereien. Die Sanktionen zielten insbesondere auf die religiöse Führung, die Revolutionsgarde und führende Kräfte der Atomwirtschaft. Der Effekt ist, dass, neben einer immer schlechter werdenden konjunkturellen Lage im Land, mehr und mehr ausländische Konzerne sich aus dem Irangeschäft zurückziehen und es damit zu Versorgungsengpässen kommen kann. Die Sanktionen verschärften die wirtschaftspolitische Situation Irans. Die iranische Währung Rial wurde gegenüber dem Dollar stark entwertet. Die Inflation ist zweistellig. Die Sanktionen treffen damit letztlich die Bevölkerung.

Sorge sieht er die Bestrebungen des Westens: Golfkriege, Afghanistan, Israel, Waffenliefe-
rungen. In nahezu jedem arabischen Land gibt es Militärstützpunkte. Iran fühlt sich von
ringsum bedroht. Einheit ist daher wichtig, nur so kann man gegen den Feind bestehen. Das
Volk muss hinter dem Regime stehen.

Menschenrechte? Rechtsstaatlichkeit? Gewaltenteilung? Transparenz? – Fehlanzeige. Wäre
Iran dazu bereit Einsicht zu zeigen, sein System zu reformieren, es säkularisieren, stünde es
nicht mehr in der Ecke. Iran wäre anerkannt, respektiert. Seine Wirtschaft würde prosperie-
ren, expandieren. Iran würde bald ein Schwellenland sein, der G20 angehören und damit
zum Global Player aufsteigen. Als bevölkerungsreichster Staat würde Iran eine führende
Rolle im nahen und mittleren Osten zu kommen. Die Amerikaner wären im Angesicht eines
starken, zuverlässigen Iran nicht länger vor Ort von Nöten. Terrorismus und Piraterie lehnt
Iran ebenso ab wie jeder andere Staat auch. Dem Krisenherd Mittlerer Osten würde eine
ganze Menge an Brennmaterial genommen werden.

Der Iran steht letztlich am Scheideweg zwischen Moderne und Fundamentalismus. Eine
Weiterführung des islamistischen, fundamentalistischen Regimes wäre eine Ironie. Kein
Mensch in Iran will mehr ausschließlich nach den Vorgaben des Koran leben, zu süß sind die
Verlockungen der Moderne, des Westens, der Neuzeit.

> *„Meine Begleiterinnen erklären mir, man lebe in Iran in zwei Welten: in der öffentli-*
> *chen, die sich an die islamischen Restriktionen hält, und in der privaten hinter ver-*
> *schlossener Tür, in der man sich weit gehend frei und westlich orientiert bewegt. Hier*
> *im Einkaufszentrum treffen diese beiden Welten krass aufeinander: Verschleierte*
> *Frauen kaufen sich Miniröcke."[148]*

Irans Ausweg aus der selbstverschuldeten Identitätskrise ist daher die Reformation des eigenen Systems. Nur dann kann es gelingen, in einem stabilen, rechtsstaatlichen, men-
schenwürdigen und pluralistischem Staat zu leben. Ich appelliere daher an Ali Chamenei
sich zu besinnen und zur Vernunft zu gelangen. Möge der Stein ins Rollen kommen.

---

[148] http://www.welt.de/print-welt/article327306/Iran_intern.html aufgerufen am 4.11.2010

LITERATURVERZEICHNIS

BÜCHER

Bayerische Landeszentrale für politische Bildungsarbeit (Hg.), Verfassung des Freistaates Bayern, Grundgesetz für die Bundesrepublik Deutschland, Überblick Europäische Union, Der Bayerische Landtag, Funktionen und Aufgaben, München 2007.

Dr. Drosdowski, Günther/Prof. Dr. Grebe, Paul/Dr. Köster, Rudolf/Dr. Müller, Wolfgang/Dr. Scholze-Stubenrecht (Hg.), Duden, Fremdwörterbuch, 3. Aufl., Mannheim 1974.

Encke, Ulrich, Ayatollah Khomeini, Leben, Revolution und Erbe, München 1989.

Erchadi, Armand/Khonsari, Roman Hossein, Wir leben im Iran, München 2008.

Gronke, Monika, Geschichte Irans, Von der Islamisierung bis zur Gegenwart, 3. Aufl., München 2009.

Haeri, Shahla, Obedience versus Autonomy: Women and Fundamentalism in Iran and Pakistan, in: Martin E. Marty/R. Scott Appleby, Fundamentalisms and Society Reclaiming the Sciences, the Family and Education, Chicago 1993

Harenberg Länderlexikon, Alle Staaten der Welt auf einen Blick, Sonderausgabe 2002, Dortmund 2002.

Hartleb, Florian/Raps, Christian, Mensch und Politik 11 Sozialkunde Bayern, Braunschweig 2009.

Hashemi, Kazem, Fundamentalismus, Absage an die Moderne, München 2002.

Kapuscinski, Ryszard, Schah-in-Schah, Eine Reportage über die Mechanismen der Macht und die Entstehung des iranischen Fundamentalismus, Frankfurt am Main 1997/2007.

Kermani, Navid, Iran, Die Revolution der Kinder, München 2001.

Konzelmann, Gerhard, Allahs Schwert, Der Aufbruch der Schiiten, 2. Aufl., München 1989.

Konzelmann, Gerhard, Der verwaiste Pfauenthron, Persiens Weg in die Gegenwart, Stuttgart, Leipzig, 2001.

Madani, Seyyed Jalaloldin, Verfassungsrecht in der Islamischen Republik Iran, Regierung (Staat) Die Exekutive, Band V, Teheran 1990, S. 167

Menzel, Cornelia, Zwischen Tradition und Moderne: Die Wirtschaftspolitik des Iran, Saarbrücken 2008.

Nirumand, Bahman, Iran, Die drohende Katastrophe, 1. Aufl. Köln 2006.

Özoguz, Yavus, Die Verfassung der islamischen Republik Iran, Erläuterte Übersetzung, Bremen 2007.

Perthes, Volker, Iran - Eine politische Herausforderung, Frankfurt 2008.

Rawabete, Omumiye/Öffentlichkeitsabteilung der Ton und Bild der IRI, Ton und Bild in den
Worten Imam Khomeinis, Teheran 1984

Wahdat-Hagh, Wahied, "Die islamische Republik Iran", Die Herrschaft des politischen Islam
als eine Spielart des Totalitarismus, Münster, Hamburg, London 2003.

ZEITSCHRIFTEN

Bednarz, Dieter/Follath, Erich, Die Schattenkrieger, in: Spiegel 7, 2010, 88-90.

Büttner, Friedemann, Der fundamentalistische Impuls und die Herausforderung der Moderne,
in: Leviathan 4, 1996, 488.

Fuchs, Cornelia/Gassel, Steffen, Das verfemte Geschlecht, Burka, Zwangsheirat, Peitschen-
hiebe, Steinigung – Frauen im Islam sind archaischen Zwängen und Strafen ausgesetzt. Doch der Widerstand wächst, in: Stern 28, 2010, 36-50.

O.V., „Ich bin der Sprecher dieses Volkes", SPIEGEL-Interview mit Ayatollah Chomeini über
seine Pläne für den Iran, in: Spiegel 4, 1979, 110-111.

ZEITUNGSARTIKEL

Süddeutsche Zeitung, 22.02.2010: Chimelli, Rudolph, Schläger mit Staatsauftrag, Vor dem
Jahrestag der Präsidentenwahl verstärkt Irans Regime den Druck auf Kritiker.

Süddeutsche Zeitung, 08.06.2010: Chimelli, Rudolph, Diktatur im Drillich, Ein Jahr nach der
gefälschten Präsidentenwahl sichert ein Heer von Schergen die Macht des Regimes.

Süddeutsche Zeitung, 29.06.2010: Chimelli, Rudolph, Hochschule der Opposition, Irans Präsident will Universität unter Kontrolle bringen.

Süddeutsche Zeitung, 20.09.2010: dpa, Menschenrechtlerin in Haft.

Süddeutsche Zeitung, 21.08.2010: O.V., Iran und die nukleare Bedrohung.

DIGITALE QUELLEN:

Art. Frauen auf dem Vormarsch - aber Deutschland hinkt hinterher, Internet:
http://www.berlin-institut.org/newsletter/47_11_Februar_2008.html.html [06.11.10].

Gehlen, Martin, Chamenei und Ahmadinedschad setzen Opposition unter Druck, Irans Regime feiert den 21. Todestag von Ajatollah Chomeini / Enkelsohn des Staatsgründers
von Störern am Reden gehindert, Internet
http://www.tagesspiegel.de/politik/chamenei-und-ahmadinedschad-setzen-opposition-
unter-druck/1851832.html [06.11.10].

Art. Gottesstaat/"Herrschaft Gottes", Internet: http://www.im.nrw.de/sch/603.htm
[06.11.2010].

Art. Irak versus Iran, Zwei gegenläufige Entwicklungsmodelle auf dem Weg zur Demokratie,
Internet: http://www.arendt-art.de/deutsch/IRAN/Behrouz_Khosrozadeh_1.htm
[06.11.2010].

Art. Iran, Internet: http://de.wikipedia.org/wiki/Iran [06.11.2010].

Art. Islamische Revolution, Internet:
http://de.wikipedia.org/wiki/Islamische_Revolution#Ansprache_auf_dem_Zentralfriedh
of [06.11.2010].

Klein, Joe, The Tehran Tango. The U.S. has had something of a diplomatic success. But Iran
has nuclear ambitions, Internet:
http://www.time.com/time/politics/article/0,8599,1990549,00.html [07.11.2010].

Art. Moderne, Internet: http://de.wikipedia.org/wiki/Moderne [06.11.2010].

Art. Muslim, Internet: http://de.wikipedia.org/wiki/Muslim [06.11.10].

Art. Pluralismus, Internet: http://www.bpb.de/popup/popup_lemmata.html?guid=D1632M
[06.11.10].

Rötzer, Florian, Irans Führung verschiebt die Steinigung einer Frau wegen Ehebruchs, Trotz
und Verbissenheit gegenüber dem "Westen" scheinen die iranische Machtelite zu beherrschen, Internet: http://www.heise.de/tp/blogs/8/148003 [06.11.2010].

Art. Ruhollah Chomeini, Internet: http://de.wikipedia.org/wiki/Khomeini [06.11.10].

O.V., Ahmadinedschad befiehlt Uran-Anreicherung, Der Irre von Teheran entsetzt die Welt,
Internet: http://www.bild.de/BILD/politik/2010/02/08/irrer-von-
teheran/ahmadinedschad-befiehlt-uran-anreicherung.html [06.11.2010].

O.V., Ashtiani droht nach TV-Geständnis die Hinrichtung, Die wegen Ehebruchs und Mordes
zum Tode verurteilte Iranerin Sakineh Aschtiani hat im iranischen TV gestanden. Ihre
Anwälte sind überzeugt, dass sie zuvor gefoltert wurde, Internet:
http://www.zeit.de/politik/ausland/2010-08/iran-steinigung-todesstrafe-gestaendnis
[12.10.10].

O.V., Iran Intern, Ihre Familie wurde 1978 von den Mullahs vertrieben. Jetzt kehrte sie mit
ihrem Vater, einem Geschäftsmann, als Gast nach Teheran zurück. Notizen aus einem Tagebuch, Internet: http://www.welt.de/print-welt/article327306/Iran_intern.html
[06.11.10].